Exámenes Inter-Pares sobre el Derecho y Política de Competencia: República Dominicana

El presente trabajo se publica bajo la responsabilidad del Secretario General de la OCDE. Las opiniones expresadas y los argumentos utilizados en el mismo no reflejan necesariamente el punto de vista oficial de los Países miembros de la OCDE.

Tanto este documento, así como cualquier dato y cualquier mapa que se incluya en él, se entenderán sin perjuicio respecto al estatus o la soberanía de cualquier territorio, a la delimitación de fronteras y límites internacionales, ni al nombre de cualquier territorio, ciudad o área.

Por favor, cite esta publicación de la siguiente manera:
OECD/IDB (2024), *Exámenes Inter-Pares sobre el Derecho y Política de Competencia: República Dominicana*, OECD Publishing, Paris, https://doi.org/10.1787/82adc1ba-es.

ISBN 978-92-64-97717-4 (impresa)
ISBN 978-92-64-74097-6 (pdf)
ISBN 978-92-64-64967-5 (HTML)
ISBN 978-92-64-58946-9 (epub)

Publicado originalmente en inglés por la OCDE con el título: OECD/IDB (2024), *Peer Reviews of Competition Law and Policy: Dominican Republic*, OECD Publishing, Paris, https://doi.org/10.1787/18f04007-en.
La traducción de este documento ha sido encargada por la Dirección de Asuntos Financieros y Empresariales y la OCDE y no se puede garantizar su exactitud. Las únicas versiones oficiales son los textos en inglés y/o francés.

Las erratas de las publicaciones se encuentran en línea en: www.oecd.org/about/publishing/corrigenda.htm.

Preámbulo

La OCDE se ha dedicado activamente a promover la política de competencia en los países de América Latina y el Caribe (ALC). La asociación entre la OCDE y el Banco Interamericano de Desarrollo (BID) ha hecho avanzar estos esfuerzos. En materia de competencia, el Foro Latinoamericano y del Caribe de Competencia (FLACC) ha sido la piedra angular de esta colaboración. Este foro único reúne a altos funcionarios de los países de la región para promover y apoyar la identificación y difusión de las mejores prácticas en materia de derecho y política de competencia. Hasta la fecha se han celebrado 21 reuniones.

La OCDE y el BID han colaborado en una serie de estudios de los regímenes de derecho y política de competencia en ALC desde 2003. Los exámenes inter-pares se basan en la voluntad de un país de someter sus leyes y políticas a un examen sustantivo por parte de otros miembros de la comunidad internacional en materia de competencia. Este proceso proporciona una valiosa información al país objeto de estudio y promueve la transparencia y el entendimiento mutuo en beneficio de todos. Está surgiendo un consenso internacional sobre las prácticas óptimas de aplicación de la ley de competencia y la importancia de una reforma favorable a la competencia. Los exámenes inter-pares son una parte esencial de este proceso, así como una herramienta importante en el fortalecimiento de las instituciones de competencia. Unas instituciones de competencia fuertes y eficaces pueden promover y proteger la competencia en toda la economía, lo que aumenta la productividad y el rendimiento económico general. Esto resulta consistente con las políticas y metas de la OCDE y del BID para respaldar la política y las reformas reglamentarias procompetitivas, que promoverán el crecimiento económico en los mercados de ALC.

Los exámenes inter-pares son una parte esencial del FLACC. En 2007, el FLACC evaluó las repercusiones de los cuatro primeros exámenes inter-pares realizados en el FLACC en Brasil, Chile, Perú y Argentina, y el examen inter-pares de México, que se llevó a cabo en el Comité de Competencia de la OCDE. El Foro examinó a El Salvador en 2008, a Colombia en 2009, a Panamá en 2010 y a Honduras en 2011. En 2012 se llevó a cabo un seguimiento de los nueve exámenes inter-pares en el marco del décimo aniversario del FLACC. En 2014, 2018 y 2019, se realizaron los exámenes inter-pares de los regímenes de competencia de Costa Rica, Perú y El Salvador, respectivamente. Antes de la República Dominicana, Ecuador fue el último país al que se le realizó un examen inter-pares en el FLACC, que tuvo lugar en 2020.

Este informe fue la base del examen inter-pares en presencia de examinadores principales que tuvo lugar en el 21.º Foro Latinoamericano y del Caribe de Competencia el 28 de septiembre de 2023 en Quito, Ecuador. Los examinadores principales fueron Jorge Grunberg Pilowsky (Fiscal Nacional Económico, FNE, Chile), Guillermo Rojas Guzmán (Comisionado de la COPROCOM, Costa Rica) y Andrea Marván Saltiel (Comisionada Presidenta de la COFECE, México). La delegación en representación de la República Dominicana durante el examen inter-pares estaba dirigida por: María Elena Vásquez Taveras (Presidenta de Pro-Competencia), Fior D'aliza Alduey (Directora Ejecutiva de Pro-Competencia), José Beltré (Director de la Abogacía de la Competencia de Pro-Competencia) y Pedro Luis Montilla Castillo (Asesor Legal Principal de la Consultoría Jurídica del Poder Ejecutivo).

La OCDE y el BID desean dar las gracias a los examinadores principales y a los demás funcionarios que participaron en el examen inter-pares. La OCDE y el BID también se sienten agradecidos con la organización Pro-Competencia de la República Dominicana por sus valiosas aportaciones, su disponibilidad para resolver dudas y por su apoyo a la hora de facilitar las entrevistas. Por último, a la OCDE y al BID desean expresar su agradecimiento a todas las partes interesadas que aceptaron participar en las reuniones que tuvieron lugar durante la misión de investigación celebrada en la República Dominicana entre el 27 y el 31 de marzo de 2023 y que contribuyeron a la integridad y exactitud del informe.

Este informe fue elaborado por Iratxe Gurpegui (consultora del BID) con el apoyo de investigación de Vivian Ianelli y revisado por Marcelo Guimarães y Paulo Burnier, bajo la supervisión estratégica de Ori Schwartz (todos de la División de Competencia de la OCDE). Mario Umaña (BDI) también hizo importantes aportaciones a lo largo del proceso de examen inter-pares.

Índice

GRÁFICOS

CUADROS

RECUADROS

Siga las publicaciones de la OCDE en:

https://twitter.com/OECD

https://www.facebook.com/theOECD

https://www.linkedin.com/company/organisation-eco-cooperation-development-organisation-cooperation-developpement-eco/

https://www.youtube.com/user/OECDiLibrary

https://www.oecd.org/newsletters/

Abreviaturas y acrónimos

ACODECO	Autoridad de Protección al Consumidor y Defensa de la Competencia, Panamá
AIRD	Asociación de Industrias de la República Dominicana
AIPARC	Asociación de Industrias Purificadoras de Agua de la Región del Cibao
APORDOM	Autoridad Portuaria Dominicana
CADE	Consejo Administrativo de Defensa Económica (*Conselho Administrativo de Defesa Econômica*), Brasil
CAFTA	Tratado de Libre Comercio Centroamérica-Estados Unidos-República Dominicana
CDPC	Comisión para la Defensa y Promoción de la Competencia, Honduras
CND	Cervecería Nacional Dominicana
CNDC	Comisión Nacional de Defensa de la Competencia, Argentina
CNE	Comisión Nacional de Energía
CNMC	Comisión Nacional de los Mercados y la Competencia, España
COPROCOM	Comisión para Promover la Competencia, Costa Rica
COFECE	Comisión Federal de Competencia Económica, México
DIGEPRES	Dirección General de Presupuesto
DGA	Dirección General de Aduanas
DGCP	Dirección General de Contrataciones Públicas
ENJ	Escuela Nacional de la Judicatura
IDAC	Instituto Dominicano de Aviación Civil (Instituto nacional de aviación civil)
INDOTEL	Instituto Dominicano de las Telecomunicaciones
INTRANT	Instituto Nacional de Tránsito y Transporte Terrestre
JAC	Junta de Aviación Civil
LGE	Ley General de Electricidad
LMF	Ley Monetaria y Financiera
LPI	Ley de Propiedad Industrial
ONAPI	Oficina Nacional de la Propiedad Industrial
ONDA	Oficina Nacional de Derecho de Autor
PEI	Planificación Estratégica Institucional
PRM	Partido Revolucionario Moderno
Pro-Consumidor	Instituto Nacional de Protección de los Derechos del Consumidor
Pro-Competencia	Comisión Nacional de Defensa de la Competencia
SIE	Superintendencia de Electricidad
SIMV	Superintendencia del Mercado de Valores
SIPEN	Superintendencia de Pensiones
TC	Tribunal Constitucional
TSA	Tribunal Superior Administrativo

Resumen ejecutivo

Este informe es el resultado del examen inter-pares del derecho y política de competencia de la República Dominicana. Representa las principales conclusiones del panorama actual del derecho y política de competencia en la República Dominicana y concluye con unas recomendaciones elaboradas por los examinadores principales y que se trataron en el examen inter-pares, llevado a cabo durante el Foro Latinoamericano y del Caribe de Competencia de la OCDE y el BID de 2023.

Tras 12 años de procesos legislativos, la República Dominicana adoptó su Ley de Competencia en 2008, aunque no entró totalmente en vigor hasta 2017. A pesar de los esfuerzos llevados a cabo por Pro-Competencia, la autoridad en materia de competencia de la República Dominicana, la aplicación del derecho de competencia es todavía incipiente. Mientras que Pro-Competencia solo ha sancionado dos casos de competencia, los organismos reguladores sectoriales con facultades de aplicación del derecho de competencia únicamente han adoptado una decisión ejecutoria relacionada con la ley de competencia. No se ha sancionado ningún caso de manipulación de las licitaciones.

Hay una falta de cultura general en materia de competencia en la República Dominicana. Las instituciones con facultades para aplicar la ley de competencia (sobre todo, Pro-Competencia) deben hacer frente a importantes limitaciones presupuestarias y de personal. La Ley de Competencia dominicana también presenta importantes limitaciones. Por ejemplo, no hay un régimen de control de las concentraciones aplicado a toda la economía, las multas máximas por prácticas anticompetitivas son bajas y con un bajo efecto disuasorio, y las investigaciones están sujetas a plazos de prescripción y vencimiento muy cortos. Además, en el marco de la ley de competencia conviven un régimen general de derecho de competencia (aplicado por Pro-Competencia) y regímenes de derecho de competencia específicos del sector (aplicados por los principales organismos reguladores sectoriales). Los niveles de cooperación entre Pro-Competencia y los organismos reguladores sectoriales en lo que respecta a la aplicación de la ley de competencia siguen siendo insuficientes, además de existir preocupaciones sobre posibles conflictos de intereses y falta de experiencia en materia de competencia en determinadas entidades reguladoras con potestad para velar por el cumplimiento de la normativa de competencia.

Las recomendaciones están relacionadas con el marco institucional y jurídico, la aplicación de la ley de competencia así como la abogacía de la competencia y la cooperación institucional. Proponen posibles vías de avance para que la República Dominicana tenga en cuenta, con el objetivo de mejorar el derecho y política de competencia.

Recomendaciones clave

Marco institucional y jurídico

- Adoptar un marco común de competencia, que incluya normas tanto sustantivas como de procedimiento, que se aplique de manera uniforme a todos los sectores. Además, aclarar qué entidades son responsables de la aplicación de la ley de competencia en los diferentes sectores (es decir, Pro-Competencia o reguladores sectoriales).
- Reforzar los recursos presupuestarios y humanos dedicados a la aplicación de la ley de competencia en la República Dominicana, incluido el presupuesto de Pro-Competencia (por ejemplo, mediante financiación gubernamental, tasas administrativas de un futuro régimen de control de fusiones y recursos procedentes de acuerdos de cooperación internacional, y evitar el uso de sanciones para este fin).
- Permitir a Pro-Competencia priorizar las acciones de aplicación de la ley y abogacía en función de criterios transparentes (por ejemplo, impacto económico y geográfico, relevancia para los consumidores, contrataciones públicas o industrias estratégicas), incluyendo la facultad de no emprender acciones de aplicación de la ley o cerrar investigaciones en función de sus prioridades o disponibilidad de recursos.

Aplicación de la ley de competencia

- Adoptar un régimen general de control previo de las concentraciones conforme a las normas de la OCDE y a las mejores prácticas internacionales.
- Aumentar las medidas de aplicación de la ley contra los cárteles y los casos de abuso de posición dominante:
    - Desarrollar herramientas eficaces de detección de cárteles, como métodos proactivos (por ejemplo, filtros económicos y supervisión de los mercados) y denuncias anónimas.
    - Garantizar que las sanciones tengan suficientes efectos disuasorios. Los topes máximos de las multas deben basarse en elementos flexibles que permitan considerar las circunstancias específicas de los casos y los mercados afectados en línea con las normas internacionales.
- Mejorar el marco procesal de las acciones de aplicación de la ley:
    - Ampliar la duración del plazo de prescripción en consonancia con las prácticas internacionales.
    - Aumentar la limitación temporal para llevar a cabo las investigaciones o permitir más flexibilidad en cuanto a la ampliación o suspensión de los plazos de investigación.
    - Proteger la fase de investigación, por ejemplo permitiendo a Pro-Competencia publicar una versión no confidencial de la decisión de inicio de la investigación y de las denuncias (en lugar de la versión completa) tras la apertura formal de la instrucción.
    - Agilizar el procedimiento de solicitud de autorizaciones de inspecciones, garantizando que puedan ser solicitadas directamente por la Dirección Ejecutiva de Pro-Competencia exclusivamente en base a indicios de infracciones anticompetitivas.
    - Introducir multas disuasorias por falta de respuesta, respuestas tardías y uso de información incompleta o engañosa en relación con las solicitudes de información de Pro-Competencia.

Abogacía de la competencia y cooperación institucional

- Asegurar que los mecanismos de coordinación entre Pro-Competencia y los reguladores sectoriales con poderes de aplicación de la ley de competencia se implementen de manera efectiva, incluyendo el uso del mecanismo de consulta previsto en la Ley de Competencia en relación con la adopción de decisiones de infracción de la competencia y proyectos de regulación sectorial. También deben implementarse canales adecuados de intercambio de información, intercambio de personal y grupos de trabajo conjuntos. Además, asegurar la existencia de acuerdos formales de cooperación entre Pro-Competencia y todos los reguladores sectoriales con poderes de aplicación de la ley de competencia.
- Garantizar que las entidades gubernamentales, incluidos los reguladores sectoriales con poderes de aplicación de la ley de competencia, expliquen las razones por las que deciden no seguir las opiniones y recomendaciones no vinculantes de Pro-Competencia.
- Facultar a otra entidad (por ejemplo, Pro-Consumidor) con la aplicación de la ley en materia de prácticas de competencia desleal. Alternativamente, Pro-Competencia debería limitar sus investigaciones relacionadas con prácticas de competencia desleal a aquellas que afecten al interés económico público general, liberando recursos para las investigaciones de conductas anti-competitivas. En este caso, debería reforzarse la cooperación con Pro-Consumidor, especialmente en relación con las prácticas de competencia desleal.

1 Marco institucional y jurídico

En la presente sección se ofrecerá una visión general del marco institucional y jurídico del derecho de la competencia en la República Dominicana. Después de describir las principales características del país, se analizará el origen de la Ley de Competencia y su ámbito de aplicación, así como la estructura de Pro-Competencia, en particular su organización interna, sus recursos y su personal. Por último, se analizarán los organismos reguladores con potestad para aplicar el derecho de la competencia en sus sectores, así como las especificidades relacionadas con el ámbito de los derechos de propiedad intelectual (PI).

1.1. Contexto del país

La República Dominicana es el segundo país más grande del Caribe, con una superficie de 48 671 km^2, y el tercero por población, con unos 10,7 millones de habitantes. Ocupa los dos tercios orientales de la isla La Española, situada entre Puerto Rico y Cuba. El otro tercio de La Española lo ocupa Haití, república independiente. La República Dominicana se encuentra rodeada por el océano Atlántico al norte y el mar Caribe al sur. Su capital, Santo Domingo, fue el primer asentamiento europeo permanente en las Américas y la primera sede del dominio colonial español en 1492. Se convirtió en Estado independiente el 27 de febrero de 1844.

La República Dominicana es una democracia representativa. El poder ejecutivo recae en el Gobierno y el poder legislativo en el Congreso Nacional bicameral, compuesto por la Cámara de Diputados y el Senado. El poder judicial lleva a cabo sus funciones de control independientemente del poder ejecutivo y del legislativo.

La Constitución de la República Dominicana fue promulgada el 6 de noviembre de 1844 y modificada 39 veces desde entonces. Consta de un preámbulo y quince títulos, que se dividen en capítulos y secciones que engloban 277 artículos, y veinte disposiciones transitorias. La última versión de la Constitución data del 13 de junio de 2015.

En la última década, la República Dominicana fue la tercera economía que más rápidamente creció en América Latina y el Caribe Entre 2013 y 2019, el país registró una media de crecimiento anual de aproximadamente el 6% (BID, 2021[1]). La expansión económica fue impulsada fundamentalmente por la estabilidad macroeconómica y una integración más profunda en la economía mundial, con cuantiosos flujos de inversión extranjera directa, el desarrollo de zonas de libre comercio[1] y el crecimiento del turismo y la minería (OCDE, 2022[2]).

En 2022, el PIB creció un 4,9%, principalmente impulsado por los servicios. En particular, el sector turístico creció un 24% en 2022, favorecido por una activa campaña gubernamental de vacunación durante la pandemia de COVID-19 y una recuperación del turismo mundial. La política fiscal expansiva también contribuyó al crecimiento (World Bank, 2023[3]).

A pesar del crecimiento económico fuerte y sostenido y de las mejoras sociales de las dos últimas décadas, la República Dominicana sigue enfrentándose a retos relacionados con la pobreza y la desigualdad. Por ejemplo, aunque la pobreza se redujo entre 2004 y 2019, la pandemia contribuyó a agravarla (Figura 1.1), a pesar de que la República Dominicana ha aumentado su capacidad para proteger a los más vulnerables y ha reforzado las herramientas de protección social (OCDE, 2022[2]).

Figura 1.1. Crecimiento rápido del ingreso per cápita frente a un descenso lento de la pobreza y la desigualdad

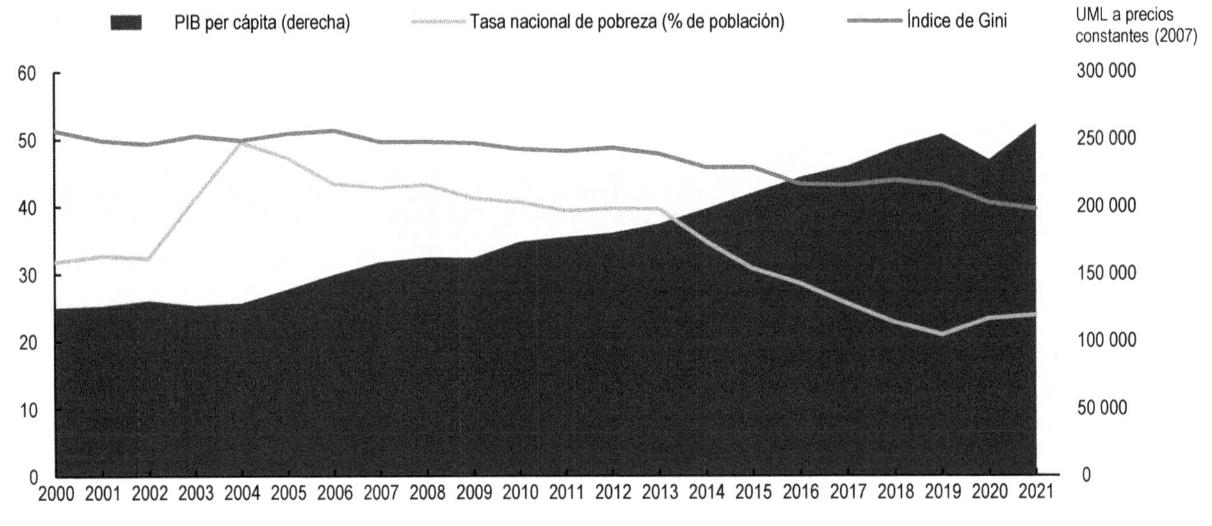

Nota: A partir de 2016, la metodología de la Encuesta Nacional de Fuerza de Trabajo cambia para convertirse en la Encuesta Nacional Continua de Fuerza de Trabajo, de forma que no se pueden establecer comparaciones perfectas entre los datos sobre la pobreza antes y después de 2015. Las estimaciones del PIB per cápita de las Perspectivas de la economía mundial de abril de 2022 empiezan a partir de 2019; el año base es 2007.
Fuente: Reproducido del documento de la OCDE (2022[2]) Estudio multidimensional de la República Dominicana: Hacia un mayor bienestar, Caminos de Desarrollo de la OCDE, https://doi.org/10.1787/8044a9c9-es.

La informalidad laboral también constituye un reto crítico y persistente de la República Dominicana. La tasa de empleo informal era del 59% en 2021, ligeramente por encima de la media observada en América Latina y el Caribe, del 56,5% (OCDE, 2022[2]).

Como en la mayoría de las economías del mundo, la inflación también constituye un reto importante de cara a los próximos años. La inflación a final del año alcanzó el 7,8% en 2022, rebasando el intervalo objetivo del Banco Central del 4,1%. El costo de la cesta de la compra de las familias aumentó 23,5% en 2022, en comparación con 2019, y los más pobres fueron quienes se vieron más afectados. Con el fin de hacer frente a los aumentos de precios, el país ha establecido subsidios para los combustibles, la energía, el transporte y los productos alimenticios básicos, ampliando el déficit fiscal (World Bank, 2023[3]). La inflación se ha reducido desde principios de 2023, y el resultado de julio (3,95%) marcó la tasa más baja desde junio de 2020, situándose dentro del intervalo objetivo del Banco Central (Banco Central de la República Dominicana, 2023[4]).

Además, la confianza en las instituciones públicas se ha mantenido relativamente baja y ha sido volátil. La confianza en el gobierno nacional resultó particularmente baja en 2011 (41%), 2015 (45%) y 2019 (41%), pero más recientemente alcanzó niveles más altos, llegando a registrar un 63% y 57% de confianza de la población en el gobierno en 2020 y 2021, respectivamente. Los niveles actuales de confianza se mantienen por encima de los promedios de ALC (38%) y de la OCDE (47%) (OCDE, 2022[2]).

Finalmente, la concentración de mercado en el país se encuentra por encima del promedio regional, y es más prominente en las industrias de procesamiento de alimentos, producción de combustibles y materiales de construcción, así como en los sectores de telecomunicaciones, puertos, transporte doméstico, electricidad y finanzas (OCDE, 2022[2]). Tal como se explica en las secciones 1.5 y 2.1 más adelante, en algunos de estos sectores son los organismos reguladores sectoriales quienes se encargan de hacer cumplir el derecho de la competencia, y esta aplicación no ha sido eficaz.

1.2. Orígenes y fundamentos

Al igual que en muchos otros países de América Latina y el Caribe, la competencia libre y leal constituye un derecho constitucional en la República Dominicana, aunque la Constitución dominicana contiene una disposición inusual que prohíbe los monopolios, salvo los establecidos por ley para beneficiar al Estado y proteger la seguridad nacional (artículo 50 de la Constitución dominicana). Hasta el momento, se han establecido monopolios legales en los siguientes ámbitos: el agua potable, el alcantarillado, el espectro radioeléctrico, la minería, el servicio postal, la transmisión y distribución de electricidad y las carreteras. El Estado debe fomentar y garantizar la competencia libre y leal adoptando las medidas necesarias que prevengan los efectos nocivos y restrictivos de los monopolios legales y de los abusos de posición dominante. Cabe señalar que, en la práctica, según la interpretación de esta disposición constitucional, el hecho de ocupar una posición de monopolio (o dominante) no es ilegal en sí mismo y únicamente puede sancionarse su uso abusivo[2].

Los debates sobre un proyecto de ley de competencia se iniciaron en 1996 como parte de un proyecto encaminado a elaborar un Código de Ordenamiento del Mercado en el que se recopilarían normas sobre varias esferas económicas, entre ellas la competencia. Tras largos e infructuosos debates en el Congreso, en 2005 el Poder Ejecutivo decidió extraer del Código de Ordenamiento del Mercado el proyecto de ley de competencia y proponer un texto autónomo. Finalmente, en 2008 se aprobó la Ley de Competencia dominicana, que prevé la creación de la autoridad dominicana encargada de la competencia, Pro-Competencia (Comisión Nacional de Defensa de la Competencia[3]), dirigida por el Consejo Directivo, el órgano de toma de decisiones, y el Director Ejecutivo, el jefe del organismo de investigación. Durante el proceso legislativo, se suprimieron del texto legal algunos elementos importantes de la política de competencia, en particular un régimen de control de las concentraciones (Pagán, 2017[5]).

Si bien la Ley de Competencia se promulgó en 2008, no fue hasta 2011 cuando se nombró el primer Consejo Directivo de Pro-Competencia. En 2017 se nombró al primer Director Ejecutivo, cuando la Ley de Competencia entró plenamente en vigor, de conformidad con el artículo 67 de la Ley de Competencia. Entre 2011 y 2017, Pro-Competencia trabajó con vistas a la puesta en marcha de la Ley de Competencia, centrándose principalmente en iniciativas de promoción[4]. En 2017, Pro-Competencia inició las primeras investigaciones contra prácticas anticompetitivas y en 2018 se emitió la primera resolución por infracción en materia de competencia.

La Ley de Competencia dominicana se centra en la necesidad de regular el proceso competitivo en aras de la eficiencia económica con el objetivo último de proteger el bienestar de los consumidores En los preámbulos de la Ley de Competencia también se hace referencia al régimen de competencia como condición para que la República Dominicana participe activamente en la economía globalizada, así como para que forme parte del Tratado de Libre Comercio Centroamérica-Estados Unidos-República Dominicana[5].

El 15 de junio de 2020, el Gobierno adoptó el Reglamento de Aplicación[6], en el que se detallan los procedimientos para la aplicación efectiva de la Ley de Competencia, en particular en lo que respecta a las facultades de Pro-Competencia relativas al cumplimiento de las normas de competencia.

La política de competencia forma parte del Plan de Desarrollo Estratégico 2030 del Ministerio de Economía, Planificación y Desarrollo, que entre sus iniciativas incluye la promoción de la competencia, orientada a reducir costos y precios, así como a elevar la competitividad de la economía dominicana (Ministerio de Economia, 2012[6]).

1.3. Ámbito de aplicación

La Ley de Competencia establece en su artículo 3 un ámbito de aplicación sustantivo amplio (es decir, aquellas personas y entidades a las que se aplica la legislación). Conforme a ello, la Ley de Competencia se aplica a todos los agentes económicos que desarrollen actividades económicas en la República Dominicana (incluidas las personas jurídicas, ya sean públicas o privadas, con o sin ánimo de lucro, nacionales o extranjeras, así como a las personas físicas cuando desarrollen actividades económicas directamente). También se aplica a las asociaciones comerciales, las empresas estatales y las autoridades estatales. Además, la ley de competencia se aplica a las personas que hayan participado en prácticas anticompetitivas, ya sea directamente, como cómplices o encubridores, personalmente o como empleados, o en nombre de una entidad jurídica[7].

La Ley de Competencia también es de alcance extraterritorial, por lo que se aplica a los agentes económicos que operan fuera del territorio dominicano si las consecuencias de su comportamiento restringen la competencia dentro del territorio nacional.

Además, en la Ley de Competencia se establece que su aplicación se extiende al conjunto de la economía, pero únicamente de manera supletoria para los agentes económicos regulados por leyes sectoriales que contengan disposiciones en materia de competencia (artículo 2). Tal y como se explica con más detalle en la sección1.5 1.5, existen legislaciones específicas que derogan el régimen general de competencia establecido por la Ley de Competencia y prevén regímenes especiales en los sectores de las telecomunicaciones, financiero y bancario, de la electricidad y de los transportes terrestres, así como en materia de derechos de propiedad intelectual[8]. En dichos casos, se han otorgado facultades para velar por el cumplimiento de las normas de competencia a los respectivos organismos reguladores, y Pro-Competencia no posee jurisdicción para aplicar la ley de competencia, pero puede emprender iniciativas de promoción ante los organismos reguladores (véase la sección 3.1.1). En resumen, algunos sectores están sujetos a disposiciones específicas en materia de competencia, si bien la Ley de Competencia sigue siendo aplicable a efectos de colmar las lagunas jurídicas de los regímenes específicos de competencia[9].

Por último, no existe un régimen general de control de concentraciones en defensa de la competencia que se aplique a la totalidad de la economía. De hecho, como se expondrá en la sección 2.1, la Ley de Competencia no establece un sistema de revisión de las concentraciones, si bien existen algunos mecanismos de control de las concentraciones aplicados por los organismos reguladores en los sectores de las telecomunicaciones, la electricidad y las finanzas.

1.4. Pro-Competencia

Como se mencionó anteriormente, Pro-Competencia es la autoridad dominicana encargada de la competencia. Fue creada por la Ley de Competencia en 2008 y comenzó a funcionar plenamente en 2017, como se describe en la sección 1.2.

Pro-Competencia es un organismo descentralizado y autónomo, dependiente del Ministerio de Industria, Comercio y MIPYMES. Se trata de una entidad jurídicamente independiente, con estatuto jurídico y autonomía administrativa, presupuestaria y organizativa que posee facultades para velar por el cumplimiento de las normas de competencia, en particular para realizar investigaciones y sancionar los acuerdos anticompetitivos, los abusos de posición dominante y las prácticas de competencia desleal. Además, es responsable de promover la competencia en la República Dominicana.

La aplicación de la normativa sobre competencia de Pro-Competencia se encuentra aún en sus primeras fases. Desde 2017, año en que empezó a funcionar a pleno rendimiento, se han abierto 14 investigaciones contra prácticas contrarias a la competencia[10] y se han adoptado dos resoluciones por infracción (véase la sección 2.2)[11]. En el ámbito de la defensa de la competencia, Pro-Competencia ha sido más activa tanto a nivel nacional como internacional (véase la sección 3.13.1).

1.4.1. Estructura interna

Al igual que otras jurisdicciones, la República Dominicana ha adoptado un modelo institucional en el que se separan las funciones de adjudicación e investigación (Jenny, 2016[7]; OCDE, 2015[8]). La función investigadora se ha asignado a la Dirección Ejecutiva, mientras que la capacidad decisoria corresponde al Consejo Directivo.

El principal cometido de la Dirección Ejecutiva consiste en recibir y responder a las denuncias y llevar a cabo investigaciones sobre posibles prácticas anticompetitivas y de competencia desleal. La Dirección Ejecutiva también lleva a cabo estudios de mercado, elabora dictámenes y organiza actividades de promoción. Además, el Director Ejecutivo participa como secretario en las reuniones del Consejo Directivo, redacta las actas de las reuniones y se encarga de elaborar los proyectos de resoluciones administrativas del Consejo.

La Dirección Ejecutiva, encargada de las investigaciones, está dirigida por un Director Ejecutivo y compuesta por los siguientes departamentos técnicos: i) la Dirección de Defensa de la Competencia, responsable de llevar a cabo la fase de investigación y de tramitar los casos contra conductas anticompetitivas y de competencia desleal; ii) el Departamento de Investigaciones de Prácticas Anticompetitivas, encargado de recabar pruebas para la Dirección de Defensa de la Competencia haciendo uso de las diferentes herramientas de investigación disponibles, en particular las inspecciones sin previo aviso; iii) la Dirección de Promoción y Abogacía de la Competencia, encargada de evaluar la naturaleza anticompetitiva de las leyes nacionales, las medidas de apoyo estatales y las actuaciones de los organismos reguladores, de llevar a cabo actividades de divulgación y de promover la competencia en el país; iv) el Departamento de Estudios Económicos y de Mercados, encargado de realizar estudios de mercado, de prestar apoyo con conocimientos económicos a la Dirección de Defensa de la Competencia, a la Dirección de Promoción y Abogacía de la Competencia y al Consejo Directivo, así como de llevar a cabo el Observatorio de Condiciones de Mercado (véase la sección 3.1.2). Además, el Departamento Financiero, el Departamento Jurídico[12] y el Departamento de Planificación y Desarrollo prestan apoyo administrativo a la Dirección Ejecutiva.

El Consejo Directivo está compuesto por cinco Directores. Entre sus principales funciones figuran la adopción de resoluciones sobre infracciones, una vez concluida la fase de investigación, así como la celebración de audiencias con las partes investigadas y afectadas, los testigos y los peritos. Las sesiones de audiencia y de sentencia son públicas, así como las resoluciones sobre las infracciones dictadas por

Pro-Competencia[13]. También corresponde al Consejo Directivo autorizar las inspecciones sin previo aviso organizadas por la Dirección Ejecutiva y solicitar la adopción de medidas cautelares a los tribunales competentes (véase la sección 2.3). Además, el Consejo Directivo está facultado para establecer normas internas[14], así como para promover la competencia ante otras entidades gubernamentales[15]. Las decisiones del Consejo se adoptan por mayoría simple y todos sus miembros están obligados a votar y deben explicar los fundamentos jurídicos y el razonamiento de sus votos en contra[16].

Como apoyo a las actividades del Consejo Directivo, en mayo de 2023 se creó el Departamento de Gestión Técnica para prestar asistencia en el análisis jurídico y económico de las resoluciones que deba adoptar el Consejo[17]. El Consejo Directivo también está compuesto por las siguientes unidades de apoyo: i) Departamento de Recursos Humanos; ii) Departamento de Relaciones Interinstitucionales; iii) Departamento de Comunicaciones; y División de Tecnología de la Información.

Figura 1.2. Organigrama de Pro-Competencia

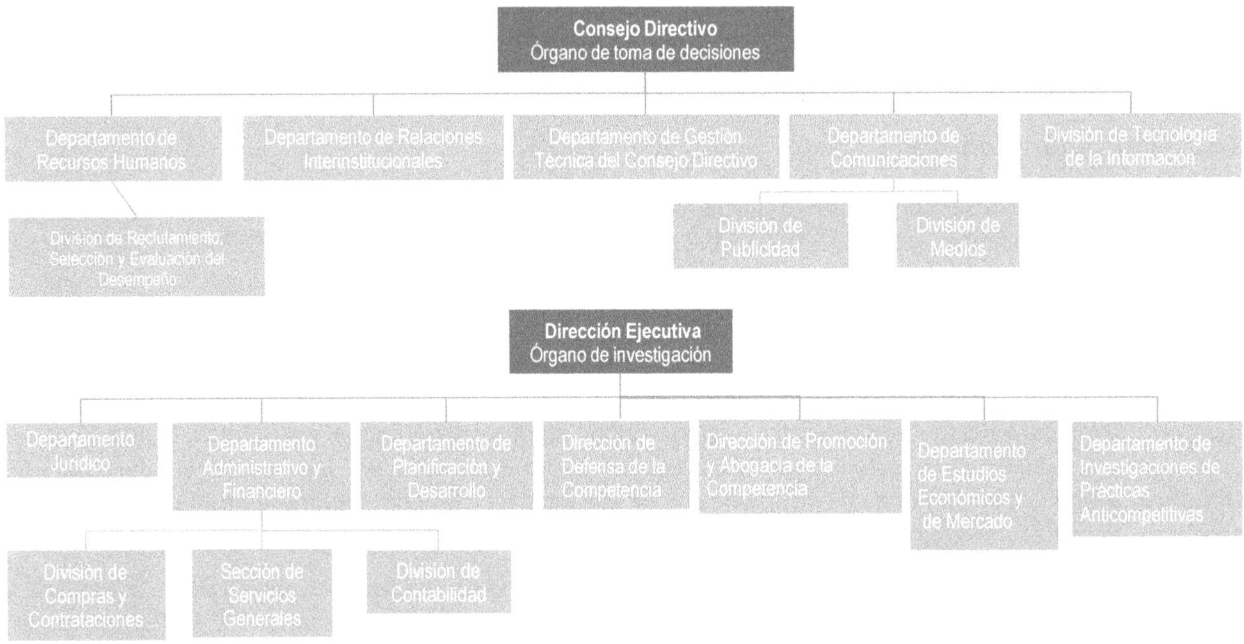

Nota: Esta es una versión simplificada del organigrama; la versión oficial está disponible en www.procompetencia.gob.do/sobre-nosotros/organigrama/.

Fuente: Adaptado de Pro-Competencia (2021[9]) , Organigrama, https://procompetencia.gob.do/wp-content/uploads/2020/10/cd-010-2020-anexo.pdf; Pro-Competencia (2020[10]), Manual de Organización y Funciones de la Comisión Nacional de Defensa de la Competencia, https://procompetencia.gob.do/wp-content/uploads/2020/10/cd-010-2020-anexo.pdf; Pro-Competencia (2021[11]), Resolución n.º 014-2021, de 22 de julio de 2021, https://procompetencia.gob.do/wp-content/uploads/2021/08/resolucion-014-2021-firmada-y-sellada.pdf.

1.4.2. Nombramientos y destituciones

El Consejo Directivo está integrado por cinco miembros nombrados por un mandato no renovable de cinco años. La rotación gradual de los Directores cada tres años permite que se produzcan renovaciones parciales y que haya continuidad en el Consejo. Los miembros del Consejo serán nombrados por el Congreso Nacional de una lista de diez candidatos propuestos por el Presidente de la República Dominicana. Tres miembros son elegidos por el Senado y dos por la Cámara de Diputados. El Presidente del Consejo Directivo es elegido por sus miembros[18] . El Director Ejecutivo es nombrado por el Presidente de la República Dominicana a partir de una terna propuesta por el Consejo Directivo[19].

Los miembros del Consejo Directivo y el Director Ejecutivo deben reunir los siguientes criterios para optar al cargo: i) ser nacional dominicano en pleno ejercicio de los derechos civiles y políticos; ii) tener más de 25 años de edad; iii) ser profesional del derecho, la economía, las ciencias administrativas o finanzas, con estudios especializados en alguna de las siguientes disciplinas: derecho de la competencia, regulación económica, análisis económico de la ley, finanzas corporativas, resolución alternativa de conflictos o arbitraje internacional; iv) tener experiencia creíble por más de cinco años en alguna de las áreas anteriormente señaladas o en el ejercicio empresarial; y, v) no desempeñar ningún cargo o empleo de cualquier naturaleza mientras dure su mandato, con excepción de la actividad docente[20].

Los Directores únicamente podrán ser destituidos cuando: i) hayan dejado de concurrir a seis sesiones ordinarias al año por causas no justificadas; ii) por incapacidad física no hubieren podido desempeñar su cargo durante seis meses; iii) hayan sido condenados penalmente; iv) hayan sido negligentes en el cumplimiento de sus funciones; v) hayan cometido fraude, actividades ilegales o hayan actuado de forma contraria a los intereses de la institución[21]. El Congreso Nacional está facultado para proceder a cualquier destitución[22].

El personal técnico de segundo y tercer nivel jerárquico es nombrado y cesado por el Consejo Directivo, previa propuesta del Director Ejecutivo[23].

1.4.3. Incompatibilidades

Con arreglo al artículo 28 de la Ley de Competencia, las siguientes personas no pueden ser nombradas miembros del Consejo Directivo o Directores Ejecutivos:

a) Miembros del Congreso Nacional.
b) Miembros activos del Poder Judicial.
c) Aquellas personas que desempeñen cargos o empleos remunerados en cualquiera de los organismos del Estado o de las municipalidades, ya sea por elección o por designación, con excepción de las actividades docentes.
d) Aquellas personas que tengan vínculo familiar (por consanguinidad hasta el cuarto grado o por afinidad hasta el segundo grado, inclusive) con el Presidente o Vicepresidente de la República Dominicana, los miembros de la Corte Suprema de Justicia o los directores de los organismos reguladores específicos de cada sector.
e) Aquellas personas que ejerzan una militancia política activa.
f) Las personas que hayan sido declaradas en suspensión de pagos o en quiebra, así como aquellas personas que tengan pendiente un procedimiento de quiebra.
g) Las personas declaradas incapaces legal o judicialmente.
h) Las personas que se encuentren en una situación de conflicto de intereses debido a sus actividades profesionales o económicas.

El conflicto de intereses se ha establecido únicamente como impedimento en el caso de los miembros del Consejo Directivo y del Director Ejecutivo y lo pueden invocar tanto ellos como las partes investigadas. Corresponde al Consejo Directivo decidir sobre los casos de conflicto de intereses[24].

1.4.4. Recursos

El buen funcionamiento y la independencia de un organismo encargado de la competencia dependen de una dotación adecuada de personal y presupuesto. Si bien las autoridades de competencia de todo el mundo se enfrentan a algún tipo de limitación de recursos, es necesario velar por que los fondos se utilicen de la forma más eficiente posible (OCDE, 2009[12]).

Presupuesto

Como ya se ha mencionado, Pro-Competencia goza de autonomía presupuestaria y de gasto[25]. La financiación de Pro-Competencia procede principalmente de una partida presupuestaria del presupuesto público anual del Gobierno (Presupuesto de Ingresos y Ley de Gastos Públicos)[26]. La autoridad de competencia calcula su presupuesto anual y lo autoriza la Dirección General de Presupuesto (Digepres), la entidad gubernamental que supervisa los procesos del sistema presupuestario, la calidad y eficiencia del gasto, la sostenibilidad fiscal y la estabilidad macroeconómica de la República Dominicana. Pro-Competencia también puede recibir fondos procedentes de tasas administrativas, recursos procedentes de la cooperación técnica internacional (por ejemplo, acuerdos con países extranjeros u organizaciones internacionales) y de las sanciones impuestas a los agentes económicos. Los gastos presupuestarios son fiscalizados por la Contraloría General de la República[27].

El presupuesto asignado a Pro-Competencia para 2022 fue de aproximadamente USD 3 millones (DOP 167,4 millones)[28]. El presupuesto se ha mantenido prácticamente igual desde 2018 y se congeló en 2022 debido a las restricciones presupuestarias impuestas por el Gobierno tras la pandemia de COVID-19 (véase la Figura 1.3).

Figura 1.3. Presupuesto de Pro-Competencia para el período 2017-2022

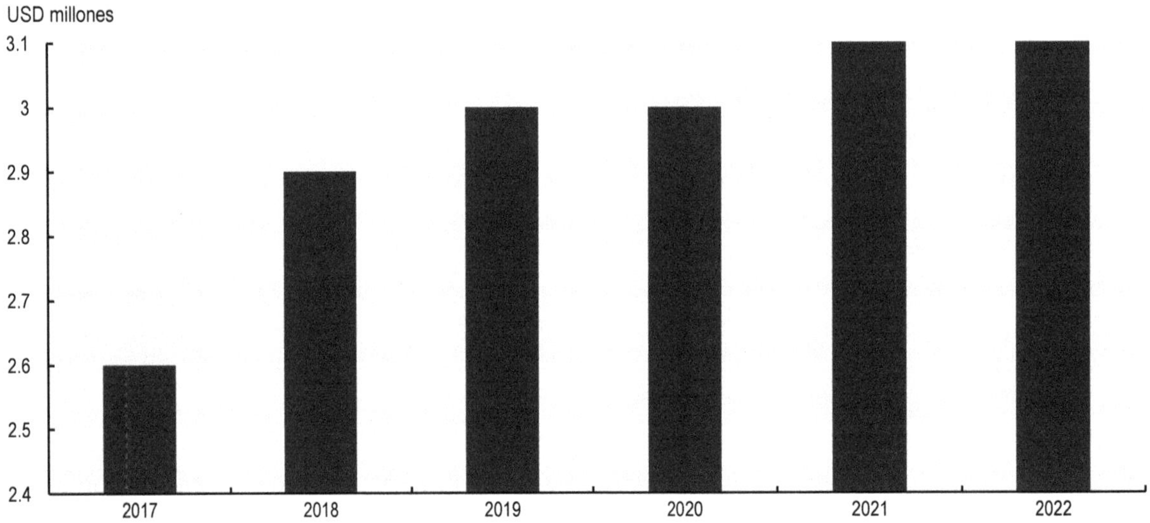

Fuente: OCDE a partir de datos de Pro-Competencia.

El presupuesto de Pro-Competencia es considerablemente bajo con respecto a los estándares internacionales y regionales. En la Figura 1.4 que se ofrece a continuación se compara el presupuesto anual per cápita de Pro-Competencia para el período de 2016 a 2021 con el presupuesto per cápita de determinados grupos de países que proporcionaron datos a la base de datos CompStats de la OCDE[29], en particular i) países de la OCDE, ii) países de la región latinoamericana; iii) países con un PIB per cápita similar al de la República Dominicana; y iv) países con un número de habitantes similar al de la República Dominicana. En todas estas situaciones, el presupuesto de Pro-Competencia figura en una posición inferior cuando se compara con cualquiera de las categorías indicadas.

Figura 1.4. Presupuesto per cápita (tipo de cambio del EUR en 2015), 2016-2021

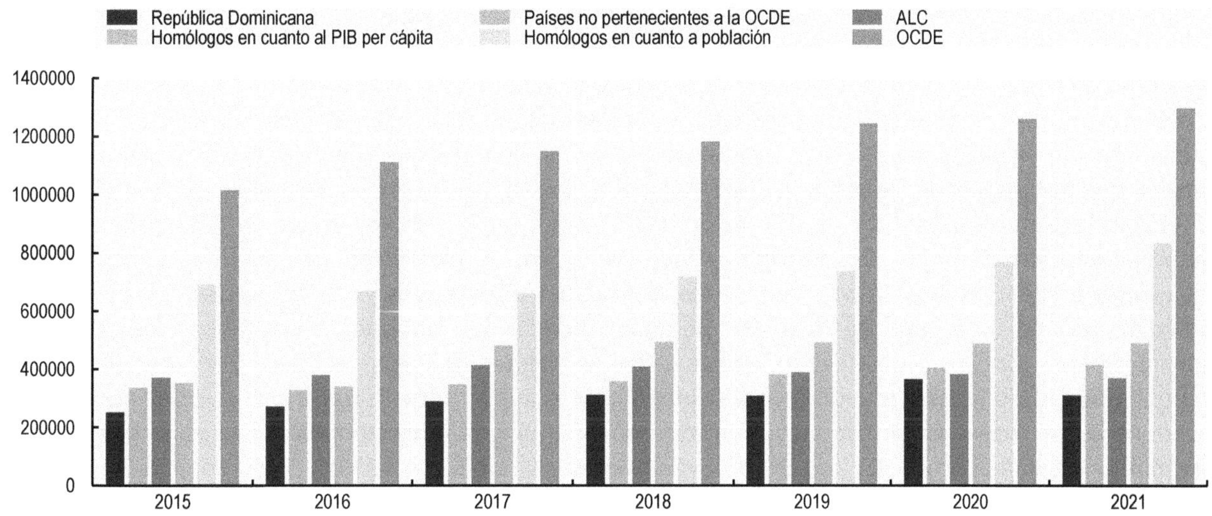

Nota: La lista de todas las jurisdicciones que participan en la base de datos CompStats de la OCDE se encuentra disponible en (2023[13]), Tendencias sobre Competencia de la OCDE 2023, https://www.oecd-ilibrary.org/docserver/bcd8f8f8-en.pdf?expires=1687792175&id=id&accname=guest&checksum=081BCF39906154FA32F8AB6E61A464FA. Entre los países homólogos en PIB per cápita se incluyen jurisdicciones con una diferencia inferior a EUR 3 500 con respecto al PIB per cápita de la República Dominicana. Los países homólogos en cuanto a población comprenden jurisdicciones con una diferencia inferior a 1,5 millones de habitantes con respecto a la población de la República Dominicana.
Fuente: Base de datos (2023[14]), CompStats (estadísticas de competencia) de la OCDE, https://www.oecd.org/competition/oecd-competition-trends.htm.

Una parte importante del presupuesto de Pro-Competencia se destina a gastos salariales. Además de en recursos humanos, el presupuesto de Pro-Competencia se invierte en espacio de oficina, dispositivos tecnológicos y programas informáticos propios, bajo licencia o adquiridos. En el momento de redactar el presente informe, los economistas del organismo habían solicitado la compra de ordenadores potentes capaces de ejecutar sofisticados programas informáticos para el análisis de datos. Por otra parte, Pro-Competencia no disponía de un sistema digital de gestión de casos. Los expedientes de los casos se archivaban en papel y el personal de la Dirección de Defensa de la Competencia pasaba muchas de sus horas de trabajo registrando, grabando y escaneando los documentos de los casos. Pro-Competencia tampoco había invertido en informática forense.

Hasta la fecha de redacción de este informe, Pro-Competencia nunca había recibido fondos procedentes de sanciones[30], tasas administrativas o recursos procedentes de la cooperación técnica internacional[31].

El establecimiento de fuentes de financiación que no dependan totalmente de la discrecionalidad de los gobiernos puede contribuir a limitar las injerencias políticas y, por tanto, a reforzar la independencia del organismo regulador. Según lo descrito anteriormente, en la República Dominicana, dichas fuentes podrían obtenerse por medio de tasas administrativas (por ejemplo, si se establece un régimen de concentraciones con tasas de tramitación), cooperación técnica internacional y sanciones impuestas a los agentes económicos.

Sin embargo, la dependencia total de estos mecanismos entraña limitaciones y puede plantear otras dificultades a las autoridades. Por ejemplo, la recaudación y retención (total o parcial) de las multas puede resultar problemática, ya que puede generar incentivos perversos que induzcan a un organismo a imponer más multas (OCDE, 2016[15]). El mejor enfoque es optar por una combinación de distintas fuentes de financiación para reducir el riesgo de una única fuente.

Recursos humanos

Al redactar el presente informe, la plantilla de Pro-Competencia estaba compuesta por 70 empleados a tiempo completo. Sin embargo, únicamente aproximadamente un tercio (35%) desempeñaba actividades esenciales de la autoridad en materia de competencia; el resto (65%) formaba parte del personal de apoyo administrativo. Los empleados que se dedican al desempeño de las tareas sustantivas de aplicación y defensa de la competencia son: los 5 miembros del Consejo Directivo; el Director Ejecutivo; y los 19 técnicos que trabajan en la Dirección de Defensa de la Competencia, el Departamento de Investigaciones de Prácticas Anticompetitivas, la Dirección de Promoción y Abogacía de la Competencia y el Departamento de Estudios Económicos y de Mercados. A excepción de quienes trabajan en el Departamento de Estudios Económicos y de Mercados, que cuentan con formación en economía y administración de empresas, el resto del personal técnico son abogados. Los abogados dirigen las investigaciones con el apoyo de economistas que realizan el análisis económico de los casos. Pro-Competencia ha ido transformando progresivamente los puestos administrativos en puestos técnicos. De hecho, no se ha sustituido al personal de apoyo administrativo que abandonó el organismo regulador de la competencia con el propósito de crear nuevos puestos para las actividades de competencia.

El número de trabajadores de Pro-Competencia es significativamente inferior al de otras jurisdicciones comparables, sobre todo si no se tiene en cuenta el personal de apoyo. Como se puede observar en la Figura 1.5, el número de trabajadores por millón de habitantes entre 2016 y 2021 en la República Dominicana fue inferior al de: i) los países de la OCDE; ii) los países de la región de América Latina y el Caribe; iii) los países con un PIB per cápita similar al de la República Dominicana; y iv) los países con un número de habitantes similar al de la República Dominicana.

Figura 1.5. Número de trabajadores por millón de habitantes, 2016-2021

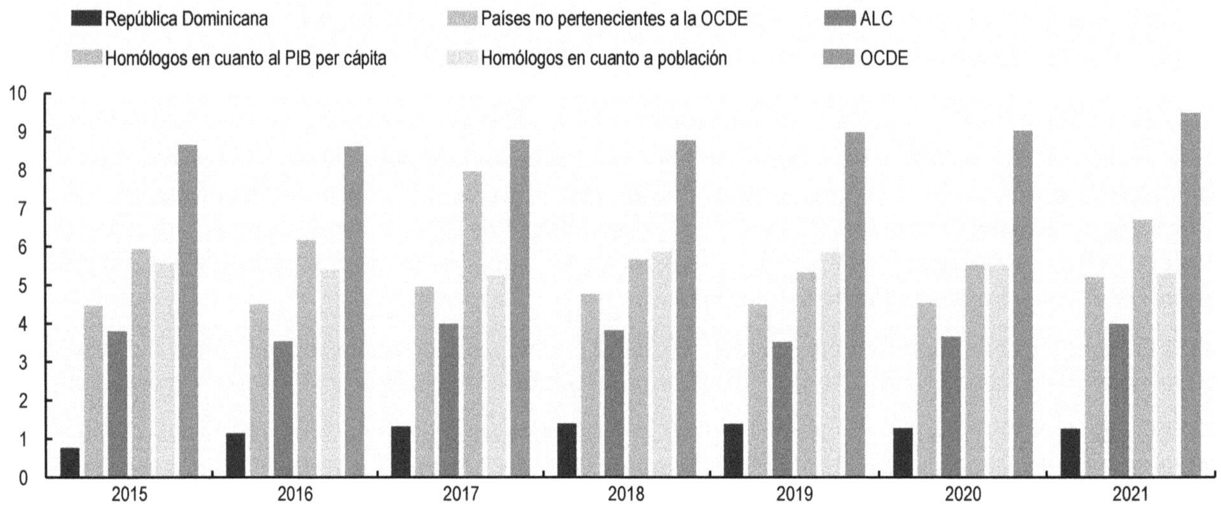

Nota: La lista de todas las jurisdicciones que participan en la base de datos CompStats de la OCDE se encuentra disponible en (2023[13]), Tendencias sobre Competencia de la OCDE 2023, https://www.oecd-ilibrary.org/docserver/bcd8f8f8-en.pdf?expires=1687792175&id=id&accname=guest&checksum=081BCF39906154FA32F8AB6E61A464FA. Entre los países homólogos en PIB per cápita se incluyen jurisdicciones con una diferencia inferior a EUR 3 500 con respecto al PIB per cápita de la República Dominicana. Los países homólogos en cuanto a población comprenden jurisdicciones con una diferencia inferior a 1,5 millones de habitantes con respecto a la población de la República Dominicana.
Fuente: Base de datos (2023[14]), CompStats (estadísticas de competencia) de la OCDE, https://www.oecd.org/competition/oecd-competition-trends.htm.

Con excepción de los miembros del Consejo Directivo y del Director Ejecutivo, todo el personal de Pro-Competencia debe superar un proceso de contratación llevado a cabo por el Departamento de Recursos

Humanos del organismo. Puede contratarse a los trabajadores: i) como funcionarios públicos o ii) como personal con contrato temporal. La contratación formal de todo el personal la realiza el Consejo Directivo previa recomendación de la Dirección Ejecutiva.

Solamente pueden ser ascendidos los funcionarios públicos. Los ascensos se conceden en función de los criterios establecidos por el Ministerio de Administración Pública[32]. En el momento de elaboración del presente informe solamente había 10 funcionarios públicos administrativos entre el total de empleados de Pro-Competencia (es decir, de 70 trabajadores), y el resto eran empleados temporales.

Pro-Competencia ha expresado la necesidad de contratar más personal técnico para poder desempeñar su mandato. De hecho, en el momento de elaboración del presente informe, había 18 puestos vacantes de personal técnico en Pro-Competencia. Sin embargo, estas vacantes no pudieron cubrirse porque el presupuesto se destinó a otras partidas y no se disponía de recursos para contratar personal adicional.

El derecho y la economía relacionados con la competencia son campos sumamente técnicos y especializados. Para atraer y retener a personal altamente cualificado es necesario ofrecer salarios competitivos y una carrera profesional satisfactoria. De hecho, según la Ley de Competencia los salarios percibidos en Pro-Competencia deben ser competitivos con respecto al sector privado y estar al mismo nivel que los salarios medios ofrecidos en otros organismos descentralizados[33]. Sin embargo, no parece que sea el caso en la práctica. Los salarios en Pro-Competencia no resultan tan atractivos como los del sector privado y son inferiores a los que se ofrecen por una responsabilidad similar en algunas de las demás entidades gubernamentales (véase el Cuadro 1.1).

Cuadro 1.1. Comparación de salarios de puestos equivalentes en distintas entidades gubernamentales

Tipo de puesto	Entidad gubernamental/Salario mensual		
	Pro-Competencia	Instituto Dominicano de las Telecomunicaciones (INDOTEL)	Superintendencia de Bancos
Director de la entidad	USD 9 100 (DOP 500 000) (Presidente del Consejo Directivo)	USD 9 387 (DOP 515 506) (Presidente del Consejo Directivo)	USD 20 874 (DOP 1 145 184) (Superintendente)
Miembros del órgano decisorio	USD 7 595 (DOP 416 667) (Miembros del Consejo Directivo)	USD 5 859 (DOP 321 463) (Miembros del Consejo Directivo)	N. a.
Jefe de investigación/supervisión	USD 6 749 (DOP 370 000) (Director Ejecutivo)	USD 8 178 (DOP 448,494) (Director Ejecutivo)	USD 10 962 (DOP 601 240) (Subjefe de supervisión)
Economista jefe	USD 3 463 (DOP 190 000) (Director del Departamento de Estudios de Mercados)	USD 3 682 (DOP 201 999) (Jefe de Análisis Económico)	USD 7 828 (DOP 429 458) (Director del Departamento de Estudios Económicos)

Fuente: OCDE a partir de datos de Pro-Competencia.

La capacidad de Pro-Competencia para aumentar las ofertas salariales a los funcionarios públicos es limitada. El Gobierno fija el nivel de remuneración en función del grado y la escala. El organismo regulador de la competencia necesita obtener una autorización especial del Ministerio de Administración Pública y de la Dirección Nacional de Presupuesto para mejorar sus condiciones salariales, algo que nunca ha ocurrido en la práctica.

Pro-Competencia goza de un mayor margen de maniobra en lo que respecta a los salarios del personal temporal, que suele recibir una mejor remuneración que los funcionarios públicos. Sin embargo, el desarrollo profesional de los empleados temporales es incierto, ya que no existen normas claras sobre las oportunidades de ascenso. La tasa de movimiento de personal en Pro-Competencia fue del 30% en 2022. La mayoría del personal técnico ha abandonado el organismo regulador de la competencia para trabajar en bufetes de abogados y otros organismos reguladores que ofrecen mejores salarios.

1.4.5. Determinación de las prioridades

En Pro-Competencia, la planificación estratégica se ha limitado a su organización interna. Cada tres años, Pro-Competencia lleva a cabo una evaluación y una consulta interna para establecer su Planificación Estratégica Institucional (PEI). Mediante este instrumento se determinan cuáles serán los objetivos de Pro-Competencia y se establecen indicadores y metas para su seguimiento y evaluación. Estos objetivos deben ser acordes con la Estrategia Nacional de Desarrollo, en la que se establecen los compromisos, objetivos y proyectos del Gobierno para el país durante los siguientes 20 años (Ministerio de Economia, 2012[6]).

En la PEI de Pro-Competencia 2021-2024 (Pro-Competencia, 2021[16]) se establecen dos líneas estratégicas: i) la creación y promoción efectivas de una cultura de competencia entre los agentes económicos, el Estado y los ciudadanos; y ii) el fortalecimiento y la promoción efectiva de una cultura organizativa entre los empleados de Pro-Competencia, fomentando el sentido de pertenencia mediante el desarrollo individual, grupal y de liderazgo[34]. Como se muestra en el Cuadro 1.2, Pro-Competencia identifica diferentes objetivos en cada línea estratégica:

Cuadro 1.2. Líneas estratégicas y objetivos de Pro-Competencia

Línea estratégica 1. Crear y promover una cultura de la competencia	Línea estratégica 2. Fortalecer y promover la cultura organizativa en el seno del organismo regulador
Objetivo 1.1. Reforzar los instrumentos de control de la competencia que permiten detectar las prácticas contrarias a la competencia e instruir los procedimientos.	Objetivo 2.1. Cubrir las necesidades estructurales de recursos humanos para fomentar la identidad y pertenencia institucionales.
Objetivo 1.2. Aumentar la concienciación en materia de competencia de los grupos clave mediante su participación activa en la agenda nacional.	Objetivo 2.2. Mejorar el ambiente de trabajo en aras de un mejor desempeño laboral y de las actividades institucionales.
Objetivo 1.3. Elaborar, desarrollar y promover la realización de análisis económicos y de informes de inteligencia en materia de competencia.	Objetivo 2.3. Fortalecer las capacidades técnicas y transversales de la gestión del liderazgo y de los grupos ocupacionales objetivo por medio de programas de desarrollo.
Objetivo 1.4. Promover la asistencia técnica interinstitucional en temas de competencia.	

Fuente: OCDE a partir de Pro-Competencia (2021[16]), Plan Estratégico Institucional 2021-2024, https://procompetencia.gob.do/transparencia/plan-estrategico-institucional/#44-45-wpfd-planificacion-estrategica-institucional.

Los indicadores para medir la consecución de dichos objetivos se basan en el número de acciones emprendidas. Por ejemplo, el indicador para medir si Pro-Competencia ha cumplido el objetivo 1.1 (es decir, reforzar los instrumentos de control de la competencia que permiten detectar las prácticas contrarias a la competencia e instruir los procedimientos) consiste en conocer el número de investigaciones rechazadas en relación con el número de investigaciones abiertas.

La Ley de Competencia no permite a Pro-Competencia establecer sus propias prioridades en lo que respecta a las medidas de ejecución, concretamente en lo que se refiere a las denuncias recibidas. De hecho, la autoridad está obligada a investigar, al menos de forma preliminar, todas las denuncias y no puede rechazarlas alegando motivos de prioridad[35]. La falta de prioridades claras también está favoreciendo que Pro-Competencia tienda a ser reactiva en lugar de proactiva en sus investigaciones de oficio (véase la sección 2.4.1). De hecho, a menudo las investigaciones se inician en respuesta a noticias aparecidas en los medios de comunicación o a una acción puntual del Gobierno. Esto afecta a la planificación de los casos por parte del equipo de investigación, que con frecuencia se ve obligado a suspender las investigaciones en curso para centrarse en los nuevos casos urgentes. Según algunas partes interesadas, este enfoque reactivo ha afectado negativamente a la eficacia de la aplicación de la normativa de defensa de la competencia en la República Dominicana.

La gran cantidad de denuncias que reciben las autoridades de competencia puede generar una enorme carga de trabajo. Por ello, es importante que las autoridades de competencia puedan decidir qué casos se investigarán y cuáles se abandonarán en función de prioridades preestablecidas. El grado de discrecionalidad de que gozan las autoridades de competencia a la hora de establecer prioridades varía de una jurisdicción a otra. También difieren los criterios utilizados por las autoridades de competencia para fijar las prioridades. Algunos ejemplos de estos criterios son: la naturaleza del caso, el impacto geográfico, la pertinencia de las pruebas, la importancia del sector afectado por la infracción, el tamaño del mercado o si la demanda se refiere a una cuestión novedosa o a un nuevo tipo de infracción. En general, las autoridades de competencia establecen sus prioridades centrándose en sectores estratégicamente importantes desde el punto de vista del derecho de la competencia. Durante el proceso de fijación de prioridades pueden tenerse en cuenta otros intereses públicos y las opiniones de otras instituciones públicas, pero las autoridades de competencia se reservan el derecho a fijar sus propios criterios de forma independiente (OCDE, 2015[17]).

Recuadro 1.1. Criterios de priorización para la aplicación y defensa de las normas de competencia en México

Cada tres años, la Comisión Federal de Competencia Económica (COFECE) de México hace públicos sus criterios de priorización y los sectores y esferas económicas a los que otorgará prioridad.

Gracias al ejercicio de priorización, la COFECE puede concentrar el uso de sus recursos en acciones que produzcan resultados tangibles, logrando así que sus operaciones sean más efectivas.

El Plan Estratégico de la COFECE para 2022-2025 establece los siguientes criterios para la priorización del trabajo en materia de competencia: i) contribución al crecimiento económico; ii) consumo generalizado; iii) transversalidad; iv) impacto en la población de menores ingresos; v) sectores regulados; vi) prevalencia de conductas anticompetitivas; y vii) tendencias internacionales en materia de competencia.

A raíz de la aplicación de estos criterios, la COFECE ha identificado ocho sectores prioritarios para 2022-2025: i) sector alimentos y bebidas; ii) sector transporte y logística; iii) sector financiero; iv) sector de la construcción y servicios inmobiliarios; v) sector energético; vi) sector salud; vii) contrataciones públicas; y viii) mercados digitales.

La COFECE también promueve la rendición de cuentas de su programa de establecimiento de prioridades, mostrándose transparente en cuanto a los criterios utilizados para ello y sometiendo su Plan Estratégico a consulta pública, lo que permite a las partes interesadas pertinentes participar en el proceso de fijación de prioridades.

Fuente: COFECE, (2022[18])Plan Estratégico 2022-2025, https://www.cofece.mx/wp-content/uploads/2022/03/PE2022-2025_VF.pdf.

1.5. Organismos reguladores con potestad para velar por el cumplimiento de la normativa de competencia

Según se ha mencionado anteriormente, algunas legislaciones específicas prevén sus propias disposiciones en materia de competencia, estableciendo excepciones al régimen general de competencia en algunos sectores (por ejemplo, telecomunicaciones, electricidad, financiero y bancario, así como transporte interior) y en el ámbito de los derechos de propiedad intelectual.

Sin embargo, la manera de redactar las disposiciones específicas en materia de competencia es desigual, lo que genera un mosaico de regímenes de competencia diferentes, con distintos conjuntos de normas de competencia. Por ejemplo, algunas de ellas únicamente prohíben las prácticas de competencia desleal, mientras que otras abarcan también el comportamiento anticompetitivo y/o el control previo de las concentraciones. Se ha facultado a los respectivos organismos reguladores para que hagan cumplir las citadas disposiciones en materia de competencia, y estos organismos aplicarán la Ley de Competencia como ley complementaria para subsanar las deficiencias de los regímenes de competencia específicos[36]. Pro-Competencia no está facultada para aplicar la ley de competencia a las conductas que se producen en estos sectores, aunque se le puede consultar y puede emitir dictámenes no vinculantes para los organismos reguladores sectoriales en relación con sus actuaciones en la aplicación de la ley de competencia (véase la sección 3.1.1).

La configuración institucional de la República Dominicana puede ofrecer algunas ventajas (por ejemplo, puede permitir a los organismos reguladores utilizar una variedad de herramientas para abordar un problema de competencia y fomentar una cultura de competencia en la regulación de los sectores), pero presenta una serie de desafíos, como el riesgo de aplicar de forma incoherente la ley de competencia en diferentes sectores, la inseguridad jurídica y la duplicación de los recursos dirigidos a desarrollar la experiencia en el ámbito de la política de competencia en cada organismo regulador sectorial. Este es el motivo por el que este modelo es poco habitual en los países de la OCDE. De hecho, el modelo institucional más extendido es aquel en el que la autoridad de competencia es una agencia autónoma encargada de aplicar las normas sobre competencia en todos los sectores, lo que garantiza un enfoque uniforme de la aplicación de las normas de competencia en toda la economía y reduce el riesgo de captura regulatoria (OCDE, 2022[19]).

Además, durante la misión de investigación, algunas partes interesadas de la República Dominicana han manifestado su preocupación por los posibles conflictos de intereses entre la regulación sectorial y la aplicación de la legislación sobre competencia, así como por la falta de experiencia en el ámbito de la competencia de algunas entidades reguladoras facultadas para aplicar el derecho de la competencia.

La coordinación entre la autoridad de competencia y los organismos reguladores sectoriales que aplican las disposiciones sobre competencia está regulada por la Ley de Competencia. Como se explica con más detalle en la sección 3.2.1, la Ley de Competencia dispone que Pro-Competencia y los organismos reguladores establezcan conjuntamente un marco de competencia de aplicación uniforme en todos los sectores con regímenes de competencia específicos. Sin embargo, el plazo para concluir este marco común de competencia (2019) nunca se cumplió[37]. En lugar de desarrollar este régimen de competencia uniforme, Pro-Competencia y los organismos reguladores sectoriales han firmado acuerdos institucionales bilaterales que tienen por objeto: i) regular el mecanismo de consulta sobre las medidas relacionadas con la aplicación de la normativa de competencia previsto en el artículo 20 de la Ley de Competencia; ii) establecer el marco para el intercambio de información; y iii) adoptar iniciativas conjuntas para el desarrollo de capacidades (véase la sección 3.2.1).

1.5.1. Sector de las telecomunicaciones

La Ley General de Telecomunicaciones (LGT) regula el sector de las telecomunicaciones en la República Dominicana[38]. En virtud de esta ley se creó el Instituto Dominicano de las Telecomunicaciones (INDOTEL), una entidad autónoma y descentralizada encargada de supervisar el sector de las telecomunicaciones. El órgano rector del INDOTEL, el Consejo Directivo, está compuesto por cinco miembros nombrados por el Presidente de la República Dominicana (es decir, el Presidente; el Ministro de Economía, Planificación y Desarrollo; dos representantes de las empresas sujetas a regulación, uno en representación de las empresas de radiodifusión y otro en representación de los proveedores de servicios de telecomunicaciones; y un representante de los usuarios finales). El Director Ejecutivo del INDOTEL, la autoridad encargada de las investigaciones, también participa en los debates del Consejo

Ejecutivo sin derecho a voto. La presencia de representantes de los operadores sujetos a regulación (es decir, empresas de radiodifusión y proveedores de servicios de telecomunicaciones) en el órgano de gobierno del INDOTEL puede favorecer la captura de políticas que comprometan la independencia de la institución.

El INDOTEL es responsable de i) promover el desarrollo de la infraestructura y los servicios de telecomunicaciones en el país mediante la aplicación del principio de servicio universal; ii) garantizar la competencia efectiva en los mercados de telecomunicaciones; iii) proteger los derechos de los consumidores y usuarios finales; y iv) garantizar el uso eficiente del espectro radioeléctrico.

El INDOTEL vela por la existencia de una competencia efectiva en el sector como organismo regulador sectorial, adoptando normas encaminadas a establecer y proteger la leal y libre competencia en el mercado de las telecomunicaciones (intervención reguladora *ex-ante*)[39]. Además, actúa también como autoridad de competencia, i) controlando las concentraciones antes de que se produzcan (intervención *ex ante* en materia de competencia) y ii) sancionando las prácticas anticompetitivas y de competencia desleal (intervención *ex post* en materia de competencia)[40].

En 2005, el INDOTEL adoptó un reglamento dirigido a establecer procedimientos más detallados para la aplicación de la ley de competencia en el sector de las telecomunicaciones (Reglamento de Competencia del INDOTEL)[41].

El INDOTEL posee facultades coercitivas tanto en relación con las prácticas de competencia desleal como con las conductas anticompetitivas. Según la Ley General de Telecomunicaciones, se considera práctica de competencia desleal toda acción deliberada dirigida a perjudicar o eliminar competidores, engañar al usuario final y/u obtener una ventaja desleal. Constituyen prácticas de competencia desleal la publicidad engañosa o falsa; el desprestigio de los productos o servicios de los competidores; el soborno industrial; la violación de secretos comerciales; o la obtención de información sensible por medios no legítimos[42].

La Ley General de Telecomunicaciones y el Reglamento de Defensa de la Competencia del INDOTEL definen las prácticas anticompetitivas como acuerdos entre empresas o abusos de posición dominante que puedan restringir o distorsionar la libre competencia en la totalidad o en parte del mercado nacional de las telecomunicaciones, en perjuicio de los proveedores y de los usuarios finales. En la Ley General de Telecomunicaciones se recogen como prácticas anticompetitivas las siguientes conductas[43]:

a) Las prácticas discriminatorias contra terceros;
b) La limitación e impedimento del derecho de los usuarios a elegir libremente el proveedor de telecomunicaciones;
c) El abuso de la posición dominante en el mercado, especialmente en lo que se refiere a infraestructuras esenciales;
d) Las prácticas predatorias que tiendan a falsear o que limiten de manera efectiva una competencia sostenible, leal y efectiva;
e) La negativa a negociar de buena fe o retrasar injustificadamente las negociaciones.

Esta lista no es exhaustiva, y el INDOTEL puede investigar y sancionar otras prácticas anticompetitivas que no figuren en la Ley General de Telecomunicaciones. En la Ley General de Telecomunicaciones las conductas anticompetitivas son consideradas como infracción muy grave y pueden ser sancionadas con una multa de hasta aproximadamente USD 373 000. Sin embargo, esta cifra es inferior a la multa máxima prevista en la Ley de Defensa de la Competencia, que se basa en la media ponderada del salario mínimo interprofesional (es decir, USD 954 000), tal y como se ha comentado en la sección 2.4.5 [44].

Como se explica con más detalle en la sección 2.1.1, el INDOTEL también se encarga de examinar las concentraciones y adquisiciones que se producen en el sector de las telecomunicaciones.

Asimismo, el INDOTEL puede llevar a cabo, de oficio o previa solicitud de parte interesada, estudios de mercado orientados a evaluar las condiciones de competencia de los mercados de telecomunicaciones. La finalidad de los estudios de mercado es detectar la existencia de barreras a la entrada, abusos de posición dominante y prácticas de competencia desleal[45].

El Departamento encargado de investigar las conductas anticompetitivas y de competencia desleal en el INDOTEL está compuesto por tres abogados y dos economistas. Desde 1998, el INDOTEL ha adoptado solamente una decisión ejecutoria relacionada con la ley de competencia (véase el recuadro 2 a continuación) y ha aprobado dos concentraciones con condiciones (véase la sección 2.1.1) (INDOTEL, 2016[20]; INDOTEL, 2017[21]; INDOTEL, 2017[22]). Hasta la fecha de redacción del presente informe, el INDOTEL había realizado un estudio de mercado relacionado con temas de competencia[46].

Recuadro 1.2. Caso de los operadores de televisión por cable

En 2004, el INDOTEL sancionó a 23 operadores de televisión por cable por haber difundido contenidos sin la autorización de los autores. Según el INDOTEL, esta conducta vulneraba la Ley n.º 65-00 sobre Derecho de Autor y los principios generales de competencia leal previstos en la Ley General de Telecomunicaciones.

El INDOTEL consideró que el comportamiento ilícito vulneraba los principios generales del derecho de la competencia porque otros operadores de cable que habían cumplido con la Ley sobre Derecho de Autor, y que habían obtenido autorización y abonado regalías a los autores, estaban operando en condiciones desventajosas.

Según el INDOTEL, la conducta indebida de los operadores de televisión por cable constituía una infracción leve de la Ley General de Telecomunicaciones, y se sancionó a cada agente económico con el pago de una multa de aproximadamente USD 1 300 (DOP 72 000).

Fuente: INDOTEL (2004[23]), Resolución núm. 012-04, de 30 de enero de 2004, https://transparencia.indotel.gob.do/wp-content/uploads/2022/10/resolucion-no-012-04.pdf.

1.5.2. Sector eléctrico

En la República Dominicana, el mercado de la electricidad se rige por la Ley General de Electricidad (LGE)[47] y su Reglamento de Aplicación[48]. La Ley General de Electricidad instituye dos órganos rectores: la Comisión Nacional de Energía (CNE) y la Superintendencia de Electricidad (SIE).

La Comisión Nacional de Energía (CNE) depende del Ejecutivo a través del Ministerio de Energía y se encarga de asesorar al Gobierno en lo relativo a los mercados energéticos, de preparar y coordinar la redacción de textos legales y reglamentarios, así como de proponer y adoptar políticas y normas en materia energética. La Superintendencia de Electricidad, órgano regulador del sector, depende de la CNE y apoya a esta última en la aplicación y consecución de sus objetivos políticos, por ejemplo fijando los precios sujetos a regulación, controlando el cumplimiento de la normativa y sancionando a quienes no la respeten.

La CNE está compuesta por un Directorio (es decir, el Ministro de Industria, Comercio y MIPYMES, el Ministro de la Presidencia, el Ministro de Hacienda, el Ministro de Agricultura, el Ministro de Medio Ambiente y Recursos Naturales, el Gobernador del Banco Central y el Director del INDOTEL) y un Director Ejecutivo, nombrado por el Presidente de la República Dominicana[49]. La Superintendencia de Electricidad está integrada por un Presidente (también conocido como Superintendente de Electricidad) y dos miembros, nombrados por el Presidente de la República Dominicana previa aprobación del Congreso Nacional[50].

En la República Dominicana, las actividades de distribución y comercialización de electricidad son monopolio legal del Estado y sus precios están regulados por la Superintendencia de Electricidad. La generación de electricidad es la única actividad del sector energético que se ha liberalizado. La venta a largo plazo de electricidad a las distribuidoras está sujeta a contratación pública y debe ajustarse a los precios establecidos en la propia adjudicación[51]. Las empresas de generación de electricidad que mantienen contratos a largo plazo con los distribuidores deben vender el 40% de su producción en el mercado en efectivo[52]. La aplicación de la ley de competencia en el sector eléctrico es competencia de la CNE y la Superintendencia de Electricidad y se limita a la actividad liberalizada (es decir, a la generación de electricidad).

En la Ley General de Electricidad se establece que la CNE debe velar por el correcto funcionamiento de los mercados en el sector eléctrico y evitar prácticas monopolísticas en el sector liberalizado[53]. La Superintendencia de Electricidad supervisa el comportamiento de los agentes económicos para evitar prácticas monopolísticas, y sanciona a quienes infrinjan la Ley General de Electricidad[54].

Según la Ley General de Electricidad, una práctica monopolística es cualquier actuación cuyo objeto o efecto sea obstaculizar, restringir o falsear la competencia en el mercado de la electricidad, por ejemplo, la fijación de los precios de compra o venta u otras condiciones de transacción; la limitación o el control de la producción de energía; la asignación de mercados; o la aplicación de condiciones desiguales a terceros por prestaciones equivalentes[55].

Las prácticas monopolísticas están consideradas infracciones muy graves en la LGE y pueden ser sancionadas con una multa que puede llegar casi a los USD 2 millones y a los USD 4 millones en caso de reincidencia. Estas cifras son superiores a la multa máxima prevista en la Ley de Competencia (es decir, USD 954 000)[56].

Ni en la Ley General de Electricidad ni en su Reglamento de Aplicación se establece ningún procedimiento para supervisar o investigar posibles prácticas contrarias a la competencia. En el momento de redactar el presente informe, no se ha detectado ninguna práctica significativa de la Superintendencia de Electricidad en lo que respecta a la aplicación de la ley de competencia.

En la Ley General de Electricidad y su Reglamento de Aplicación sí se establece un sistema de notificación obligatoria para supervisar las concentraciones económicas en el sector de la electricidad (véase la sección 2.1.2).

1.5.3. Sector financiero y bancario

El sector financiero y bancario está regulado por la Ley Monetaria y Financiera (LMF)[57], por la que se constituyeron los órganos rectores del sistema monetario y financiero de la República Dominicana: el Banco Central, la Junta Monetaria y la Superintendencia de Bancos. El Banco Central ocupa la cima del sistema financiero y bancario dominicano y supervisa la política monetaria, actuando como banco del Gobierno y de otros banqueros y ejerciendo funciones de vigilancia del sistema bancario nacional. La Junta Monetaria establece las políticas monetarias y financieras concretas de la República Dominicana. La Superintendencia de Bancos supervisa la actividad de las entidades de intermediación financiera y su cumplimiento con la regulación pertinente.

La Junta Monetaria está integrada por 3 miembros de oficio (el Gobernador del Banco Central, el Ministro de Hacienda y el Superintendente de Bancos) y 6 miembros nombrados por el Presidente de la República Dominicana[58]. El Banco Central está dirigido por un Gobernador (nombrado por el Presidente de la República Dominicana), con el apoyo de un Comité Ejecutivo[59]. Al frente de la Superintendencia de Bancos se encuentra un Superintendente, designado por el Presidente de la República Dominicana[60].

Como se expuso en la sección 2.1.3, la Junta Monetaria, previa propuesta de la Superintendencia de Bancos, examina las concentraciones y adquisiciones que se producen entre entidades de intermediación financiera. Sin embargo, en estos casos el examen de las concentraciones no analiza los efectos de la transacción sobre la competencia, sino que se centra en otros aspectos, como la estabilidad financiera, la digitalización y la innovación, la inclusión financiera, la eficiencia y solidez institucional, la protección del consumidor y la integridad del sistema financiero.

La Superintendencia de Bancos también puede investigar y sancionar a las entidades de intermediación financiera por incurrir en publicidad engañosa o prácticas de competencia desleal. Las sanciones por tales conductas incluyen multas de hasta aproximadamente USD 45 500 (DOP 2 500 000)[61]. En el momento de redactar el presente informe, no se ha detectado ninguna práctica significativa a este respecto.

Las conductas contrarias a la competencia en el sector financiero, como los acuerdos horizontales o verticales y los abusos de posición dominante, no entran en el ámbito de aplicación de la Ley Monetaria y Financiera y, por lo tanto, podrían ser objeto de investigación por parte de Pro-Competencia. Sin embargo, cuando se redactó el presente informe, Pro-Competencia no había emprendido ninguna iniciativa de aplicación o defensa de la competencia en este sector.

1.5.4. El sector del transporte terrestre

El sector del transporte interior está regulado por la Ley de Movilidad, Transporte Terrestre, Tránsito y Seguridad Vial (la «Ley de Transporte Terrestre»)[62] . En virtud de la Ley de Transporte Terrestre se creó el Instituto Nacional de Tránsito y Transporte Terrestre (INTRANT), dirigido por un Director Ejecutivo, designado por el Presidente de la República Dominicana[63]. El INTRANT se encarga de gestionar la movilidad, el transporte terrestre público y privado, y la seguridad vial en la República Dominicana. También es responsable de luchar contra las prácticas monopolísticas y el dominio del mercado en el sector, asegurar la entrada en el mercado, así como contribuir a su transparencia mediante la publicación de estadísticas e información sobre precios, demanda y oferta[64].

A pesar de contar con facultades para velar por el cumplimiento de las normas de la competencia en el sector del transporte terrestre, el INTRANT no dispone de una unidad o equipo dedicado a la investigación de prácticas contrarias a la competencia. Desde su creación, el INTRANT no ha iniciado ninguna investigación ni ha adoptado ninguna decisión sancionadora contra prácticas contrarias a la competencia.

1.5.5. Derechos de propiedad intelectual

Los derechos de propiedad industrial en la República Dominicana están regulados por la Ley de Propiedad Industrial (LPI)[65]. La Oficina Nacional de la Propiedad Industrial (ONAPI) es la institución encargada de velar por el cumplimiento de la Ley de Propiedad Industrial y garantizar la protección de las invenciones por medio de la gestión de los derechos de Propiedad Industrial (PI). La dirección de la ONAPI está a cargo de un Directorio, integrado por cinco miembros (Ministro de Industria, Comercio y MIPYMES, Ministro de la Presidencia, Ministerio de Salud Pública y Asistencia Social, Ministerio de Cultura y Educación y Director del Instituto Dominicano de Tecnología Industrial), que designa a un Director General, encargado de dirigir la institución[66].

La ONAPI también posee facultades para velar por el cumplimiento de las normas de competencia, entre las que figuran garantizar que los contratos de licencia de propiedad intelectual no contengan cláusulas contrarias a la competencia[67] y conceder licencias obligatorias cuando haya determinado que el titular de la patente ha incurrido en prácticas contrarias a la competencia[68]. Según la Ley de Propiedad Industrial, se consideran prácticas anticompetitivas las siguientes: i) la fijación de precios excesivos o discriminatorios de los productos patentados; ii) la concesión de licencias de derechos de PI en condiciones comerciales no razonables; iii) la utilización de los derechos de PI con el fin de limitar las actividades comerciales o productivas del licenciatario; y iv) todo otro acto que la legislación nacional tipifique como conducta anticompetitiva[69].

Por lo tanto, la ONAPI debe aplicar las disposiciones de la Ley de Competencia por las que se definen las prácticas concertadas y los acuerdos, así como los abusos de posición dominante, si se refieren a los derechos de PI, independientemente del sector en el que se produzcan las prácticas.

Además, la Ley de Propiedad Industrial hace referencia a las prácticas de competencia desleal, que son similares a lo dispuesto en la Ley de Competencia. Algunas de las prácticas de competencia desleal recogidas en la Ley de Propiedad Industrial comprenden el uso indebido de la denominación de origen[70], los actos realizados en el ámbito comercial o profesional que sean contrarios a los usos y prácticas honestos[71]; el uso indebido de elementos distintivos de una empresa susceptibles de causar confusión o un riesgo de asociación; y el uso de declaraciones denigratorias[72]. Según la Ley de Propiedad Industrial, la autoridad competente para tratar las prácticas desleales relacionadas con los derechos de propiedad intelectual es la autoridad judicial, y la ONAPI no ejerce ninguna función coercitiva en este ámbito[73].

Conclusiones principales

Las principales conclusiones sobre el marco institucional y jurídico del derecho y la política de competencia en la República Dominicana son las siguientes:

- En el marco del derecho de la competencia conviven un régimen general de derecho de la competencia (aplicado por Pro-Competencia) y regímenes sectoriales de derecho de la competencia (aplicados por los principales organismos reguladores sectoriales). El marco jurídico existente no siempre es coherente, lo que da lugar a un mosaico de diferentes normas de competencia que son aplicables en toda la economía.
- No se dispone de un régimen amplio de control de concentraciones en materia de competencia que se aplique a toda la economía, si bien existen ciertos mecanismos de control de las concentraciones en los sectores de las telecomunicaciones, la electricidad y las finanzas (tan solo el organismo regulador de las telecomunicaciones analiza los efectos de las transacciones sobre la competencia, mientras que los sectores de la electricidad y las finanzas se centran en los aspectos normativos).
- El presupuesto anual de Pro-Competencia es considerablemente bajo con respecto a los estándares internacionales y regionales. La plantilla de Pro-Competencia también es inferior a la de jurisdicciones comparables y solamente una cuarta parte de sus empleados están asignados a actividades de competencia (y el resto trabaja en otras actividades, principalmente de apoyo administrativo).

Referencias

Banco Central de la República Dominicana (2023), *Precios*, https://www.bancentral.gov.do/a/d/2534-precios (accessed on 17 August 2023). [4]

BID (2021), *Dominican Republic, IDB Group Country Strategy 2021-2024*. [1]

COFECE (2022), "Plan Estratégico 2022-2025", https://www.cofece.mx/wp-content/uploads/2022/03/PE2022-2025_VF.pdf. [18]

INDOTEL (2017), *Resolución n.º 056-17*, https://transparencia.indotel.gob.do/wp-content/uploads/2022/10/res-no-056-17.pdf. [21]

INDOTEL (2017), *Resolución n.º 077-17*, https://transparencia.indotel.gob.do/wp-content/uploads/2022/10/res-077-17-fusion-altice-recurso-de-reconsideracion-contra-la-056-17.pdf. [22]

INDOTEL (2016), "Resolución No. 001-16", https://transparencia.indotel.gob.do/wp-content/uploads/2022/10/resolucion-no-001-16.pdf. [20]

INDOTEL (2004), "Resolución n.º 012-04", https://transparencia.indotel.gob.do/wp-content/uploads/2022/10/resolucion-no-012-04.pdf. [23]

Jenny, F. (2016), "The Institutional Design of Competition Authorities: Debates and Trends", https://doi.org/10.2139/ssrn.2894893. [7]

Ministerio de Economia, P. (2012), "Ley 1-12: Plan Estratégico de Desarrollo 2030", https://mepyd.gob.do/mepyd/wp-content/uploads/archivos/end/marco-legal/ley-estrategia-nacional-de-desarrollo.pdf. [6]

OCDE (2023), *OECD Competition Trends 2023*, https://www.oecd.org/competition/oecd-competition-trends.htm. [13]

OCDE (2023), *OECD Services Trade Restrictiveness Index: Policy trends up to 2023*, OECD Publishing, https://www.oecd.org/trade/topics/services-trade/. [14]

OCDE (2022), *Estudio multidimensional de la República Dominicana: Hacia un mayor bienestar*, OECD Publishing, https://doi.org/10.1787/8044a9c9-es. [2]

OCDE (2022), "Interactions between competition authorities and sector regulators: OECD Competition Policy Roundtable Background Note", https://www.oecd.org/competition/interactions-between-competition-authorities-and-sector-regulators.htm. [19]

OCDE (2016), *Participation in Global Value Chains in Latin America: Implications for Trade and Trade-Related Policy, Working Party of the Trade Committee*, https://www.oecd.org/officialdocuments/publicdisplaydocumentpdf/?cote=TAD/TC/WP(2015)28/FINAL&docLanguage=En. [15]

OCDE (2015), *OECD Review of the Corporate Governance of State-Owned Enterprises: Lithuania*, https://www.oecd.org/daf/ca/Lithuania_SOE_Review.pdf. [17]

OCDE (2015), *Summary Record: Annex to the Summary Record of the 123rd Meeting of the Competition Committee held on 15-19 June 2015. Key points of the Roundtables on Changes in Institutional Design*, OECD Publishing, https://one.oecd.org/document/DAF/COMP/M(2015)1/ANN9/FINAL/En/pdf. [8]

OCDE (2009), "OECD Global Forum on Competition: Challenges Faced by Young Competition Authorities", https://www.oecd.org/daf/competition/GFC2009-Challenges-faced-by-young-competition-authorities.pdf. [12]

Pagán, A. (2017), "Origen de la Ley de Defensa a la Competencia de la República Dominicana", https://lalibrecompetencia.com/2017/01/17/origen-de-la-ley-de-defensa-a-la-competencia-de-la-republica-dominicana-1-de-2/. [5]

Pro-Competencia (2021), *Estudio de condiciones de competencia en los procesos de compras y contrataciones públicas en la República Dominicana*, https://procompetencia.gob.do/wpfd_file/estudio-de-condiciones-de-competencia-en-los-procesos-de-compras-y-contr. [9]

Pro-Competencia (2021), *Resolución n.º 008-2021*, https://procompetencia.gob.do/wp-content/uploads/2021/06/cd-008-2021-que-aprueba-rrs-por-colaboracioin.pdf. [16]

Pro-Competencia (2021), *Resolución n.º 014-2021*, https://procompetencia.gob.do/wp-content/uploads/2021/08/resolucion-014-2021-firmada-y-sellada.pdf. [11]

Pro-Competencia (2020), *Manual de Organización y Funciones de la Comisión Nacional de Defensa de la Competencia*, https://procompetencia.gob.do/wp-content/uploads/2020/10/cd-010-2020-anexo.pdf. [10]

World Bank (2023), *Macro Poverty Outlook for Dominican Republic : April 2023 (English)*, https://thedocs.worldbank.org/en/doc/e408a7e21ba62d843bdd90dc37e61b57-0500032021/related/mpo-dom.pdf. [3]

Notas

[1] Por ejemplo, la República Dominicana forma parte del Tratado de Libre Comercio Centroamérica-Estados Unidos-República Dominicana (CAFTA) y del Acuerdo de Asociación Económica CARIFORUM-UE.

[2] Véanse el Artículo 50, punto 1 de la Constitución dominicana y el Artículo 7, párrafo IV de la Ley de Competencia.

[3] Ley n.º 42-08 sobre la Defensa de la Competencia, de 16 de enero de 2008, https://www.micm.gob.do/images/pdf/transparencia/base-legal-de-la-institucion/leyes/Ley_No._42-08_Sobre_la_Defensa_de_la_Competencia.pdf. El Tribunal Constitucional dominicano ha evaluado el artículo 50 de la Constitución dominicana en algunas ocasiones, por ejemplo, en las sentencias núm. TC/0267/13 (19 de diciembre de 2013) y núm. TC/0137/20 (13 de mayo de 2020).

[4] Por ejemplo, Pro-Competencia ha publicado directrices y ha llevado a cabo estudios de mercado (véase la sección 3.1). En 2012, Pro-Competencia también ha albergado la 10.ª reunión del Foro Latinoamericano y del Caribe de Competencia (FLACC) del BID y la OCDE.

[5] En el Tratado de Libre Comercio Centroamérica-Estados Unidos-República Dominicana (CAFTA) participan Estados Unidos, Costa Rica, El Salvador, Guatemala, Honduras, Nicaragua y la República Dominicana.

[6] Reglamento n.º 252-20 de aplicación de la Ley General de Defensa de la Competencia, de 15 de julio de 2020, https://micm.gob.do/images/pdf/transparencia/base-legal-de-la-institucion/resoluciones/decretos/2020/Decreto-252-20.pdf.

[7] Artículo 60, párrafo I, de la Ley de Competencia.

[8] En el artículo 69 de la Ley de Competencia y en el artículo 16, párrafo único del Reglamento de Aplicación también se mencionan otros sectores sujetos a regulación: energía, hidrocarburos, transporte aéreo y marítimo, sanidad, educación, seguros, pensiones y mercado de valores), pero según Pro-Competencia sus legislaciones sectoriales no contienen disposiciones relacionadas con la aplicación de la ley de competencia.

[9] Artículo 2 de la Ley de Competencia.

[10] Además, Pro-Competencia ha incoado varias investigaciones contra prácticas de competencia desleal.

[11] Asimismo, Pro-Competencia ha sancionado a una persona jurídica por facilitar a la Dirección Ejecutiva información falsa durante una investigación (Resolución número 001-2022 de 4 de enero de 2022,https://procompetencia.gob.do/resoluciones-procompetencia/resolucion-numero-001-2022/).

[12] Artículo 34 de la Ley de Competencia.

[13]Artículos 47, 48 y 50, párrafo único de la Ley de Competencia.

[14] Artículo 31, letra j), de la Ley de Competencia.

[15] Artículos 14, 15 y 31, letra n), de la Ley de Competencia.

[16] Artículo 50 de la Ley de Competencia.

[17] Resolución núm. 014-2021, de 22 de julio de 2021, https://procompetencia.gob.do/wp-content/uploads/2021/08/resolucion-014-2021-firmada-y-sellada.pdf.

[18] Artículo 26 de la Ley de Competencia.

[19] Artículo 33 de la Ley de Competencia.

[20] Artículos 27 y 34, párrafo II de la Ley de Competencia.

[21] Artículo 29 de la Ley de Competencia.

[22] Artículo 83, apartado 1, de la Constitución dominicana.

[23] Artículo 31, letra y), de la Ley de Competencia.

[24] Artículo 39 del Reglamento de Aplicación.

[25] Artículo 16 de la Ley de Competencia.

[26] Artículo 21 de la Ley de Competencia.

[27] Artículo 16 de la Ley de Competencia.

[28] Conversión realizada el 19 de abril de 2023.

[29] En la base de datos CompStats de la OCDE se recopilan estadísticas generales relativas a 79 jurisdicciones, y entre ellas se encuentra la República Dominicana. En la publicación Tendencias de la OCDE sobre la Competencia se recoge la información de la base de datos CompStats (OCDE, 2023[13]).

[30] Pese a que Pro-Competencia ya ha expedientado tres casos, los fondos procedentes de las multas únicamente se transferirán a Pro-Competencia cuando haya una sentencia judicial firme que confirme la resolución administrativa, circunstancia que aún no se había producido en el momento de redactar este informe.

[31] No obstante, Pro-Competencia se ha beneficiado de la cooperación técnica prestada por jurisdicciones extranjeras u organizaciones internacionales, como la Agencia de los Estados Unidos para el Desarrollo Internacional

(USAID), la Unión Europea y el Banco Interamericano de Desarrollo.

[32] En la Resolución núm. 230-2021 del Ministerio de Administración Pública se establecen los criterios para considerar un ascenso institucional, entre ellos i) contar con una evaluación de desempeño «Superior al promedio» o «Sobresaliente», desde dos a tres últimas evaluaciones consecutivas; ii) no haber sido objeto de sanciones disciplinarias en los últimos dos años; iii) no tener sanciones disciplinarias pendientes de decisión; y iv) haber completado los programas de formación que requiere el puesto.

[33] Artículo 22 de la Ley de Competencia.

[34] En el momento de elaboración del presente informe, Pro-Competencia se encontraba desarrollando la Planificación Estratégica Institucional para el período 2024-2027, contando con el apoyo de la Unión Europea a través de un convenio de cooperación técnica.

[35] Artículos 36, 37 y 38 de la Ley de Competencia.

[36] Artículos 2 y 20 de la Ley de Competencia.

[37] Artículo 69 de la Ley de Competencia.

[38] Ley General de Telecomunicaciones (LGT) núm. 153/98 de 15 abril de 1998, https://transparencia.indotel.gob.do/wp-content/uploads/2022/10/ley-no-153-98.pdf.

[39] Artículo 92, apartado 1, de la Ley General de Telecomunicaciones.

[40] Artículos 1 y 8 de la Ley General de Telecomunicaciones y capítulo IV del Reglamento de libre y leal competencia para el sector de las telecomunicaciones, adoptado por la Resolución núm. 022-05, https://indotel.gob.do/wp-content/uploads/2022/10/36-resolucion-no-022-05-actualizada-con-derogaciones-modf-078-19.pdf.

[41] Reglamento de libre y leal competencia para el sector de la telecomunicaciones, adoptado mediante la Resolución núm. 022-05.

[42] Artículo 1 de la Ley General de Telecomunicaciones.

[43] Artículo 8 de la Ley General de Telecomunicaciones.

[44] Esta cantidad equivale a 200 veces el cargo por incumplimiento en 2021, que asciende a DOP 21 424 400. Véase el artículo 109 de la Ley General de Telecomunicaciones.

[45] Artículo 18 del Reglamento de libre y leal competencia para el sector de la telecomunicaciones, adoptado mediante la Resolución núm. 022-05.

[46] Resolución núm. 047-2020, de 29 de julio de 2020, https://www.indotel.gob.do/wp-content/uploads/2022/10/res_signed_047-2020_estudios_consultoria_cowi_signed.pdf.

[47] Ley General de Electricidad n.º 125-01, https://www.sie.gob.do/images/sie-documentos-pdf/leyes/LeyGeneraldeElecctricidadNo.125-01.pdf.

[48] Reglamento para la Aplicación de la Ley General de Electricidad, Número 125-01 aprobado mediante Decreto n.º 555-02 https://www.cne.gob.do/wp-content/uploads/2015/05/Reglamento.Ley_.No_.125-01.pdf.

[49] Artículos 16 y 18 de la Ley General de Electricidad.

[50] Artículo 31 de la Ley General de Electricidad.

[51] Artículo 110 de la Ley General de Electricidad y artículo 44 del Reglamento de Aplicación.

[52] Artículo 44 del Reglamento de Aplicación.

[53] Artículo 14, letra e) de la Ley General de Electricidad.

[54] Artículo 24, letra d) de la Ley General de Electricidad.

[55] Artículo 2 de la Ley General de Electricidad.

[56] Artículos 126-1, letra c) y 126-4 de la Ley General de Electricidad.

[57] Ley Monetaria y Financiera n.º 183-02 del 21 de noviembre del 2002, https://sb.gob.do/media/c3hhtvb1/ley-no-183-02-monetaria-y-financiera.pdf.

[58] Artículos 10 y 11 de la Ley Monetaria y Financiera.

[59] Artículo 17 de la Ley Monetaria y Financiera.

[60] Artículo 21 de la Ley Monetaria y Financiera.

[61] Véase el artículo 68, apartado B, punto 7 de la Ley Monetaria y Financiera y los artículos 6 y 18 del Reglamento de Sanciones, Administración Monetaria y Financiera, Junta Monetaria), https://www.sb.gob.do/media/hjybfkcn/reglamento-de-sanciones.pdf.

[62] Ley n.º 63-17, de Movilidad, Transporte Terrestre, Tránsito y Seguridad Vial de la República Dominicana. G. O. n.º 10875 del 24 de febrero de 2017, https://intrant.gob.do/phocadownload/SobreNosotros/MarcoLegal/Leyes/MARCO%20LEGAL-LEY%2063-17%20SOBRE%20TRANSITO,%20TRANSPORTE,%20Y%20SEGURIDAD%20VIAL.pdf.

[63] Artículo 13 de la Ley de Transporte Terrestre.

[64] Artículos 9 y 10 de la Ley de Transporte Terrestre.

[65] Ley de Propiedad Industrial n.º 20-00, https://www.aduanas.gob.do/media/2214/20-00_sobre_propiedad_industrial.pdf.

[66] Artículos 141 y 143 de la Ley de Propiedad Industrial.

[67] Artículo 33 de la Ley de Propiedad Industrial.

[68] Artículos 42 y 43 de la Ley de Propiedad Industrial.

[69] Ibid.

[70] Artículos 133, apartado 1), de la Ley de Propiedad Industrial.

[71] Artículo 176, apartado 1), de la Ley de Propiedad Industrial.

[72] Artículo 177 de la Ley de Propiedad Industrial.

[73] Artículo 182 de la Ley de Propiedad Industrial.

2 Aplicación de la ley de competencia

Esta sección abordará las dimensiones fundamentales de la aplicación de la ley de competencia, como el control de las concentraciones en sectores específicos de la economía, las prácticas anticompetitivas, las facultades de investigación, las sanciones, así como la revisión judicial y las reclamaciones civiles por daños y perjuicios.

2.1. Control de concentraciones

Según se mencionó en la sección 1.2, la primera versión del proyecto de Ley de Competencia en República Dominicana incluía un sistema general de control de concentraciones en defensa de la competencia, que posteriormente fue eliminado del proyecto de ley y de su versión final. Por consiguiente, la Ley de Competencia fue adoptada sin un sistema para examinar las concentraciones.

Las empresas y las asociaciones empresariales se han opuesto firmemente a la adopción de un sistema de control de las concentraciones en la República Dominicana. Argumentan que el control de las concentraciones no está adaptado a las economías pequeñas, como la dominicana, y que la concentración es una consecuencia natural de la condición insular del país. El sector empresarial se muestra especialmente preocupado por el número excesivo de concentraciones y adquisiciones bloqueadas por la autoridad de competencia.

El estudio eficaz de las concentraciones, que ayuda a evitar las concentraciones económicas en general, es un elemento clave de casi todos los regímenes de competencia, independientemente de su tamaño o condición. La preocupación de las empresas por que se bloqueen un gran número de transacciones no tiene fundamento. El control de las concentraciones está dirigido a las transacciones que reducen significativamente la competencia y causan perjuicios a los consumidores. La mayoría de las concentraciones reciben la autorización de las autoridades de competencia porque no perjudican a la competencia y suelen aumentar la eficiencia. Es posible que una minoría de transacciones cree problemas de competencia y requiera un análisis exhaustivo y la intervención de la autoridad de competencia (por ejemplo, la imposición de una solución o la prohibición de la transacción (OCDE, 2021[1]).

Prácticamente todas las jurisdicciones del mundo cuentan con algún tipo de régimen de control de las concentraciones, que evalúa el impacto competitivo de las concentraciones en sus mercados relevantes

(OCDE, 2021[1]). De hecho, de las 79 jurisdicciones incluidas en la base de datos CompStats de la OCDE en 2023, tan solo siete carecían de un marco normativo para el control de las concentraciones (OCDE, 2023[2]). Todos los homólogos en PIB per cápita y población de la República Dominicana mencionados en las figuras 1.4 y 1.5 cuentan con un régimen de control de concentraciones.

Lo mismo ocurre en América Latina y el Caribe, donde es frecuente que las jurisdicciones hayan tenido primero una ley de competencia (sin control de las concentraciones) y hayan dejado la introducción de disposiciones de control de las concentraciones para una etapa posterior del desarrollo de la aplicación de la ley de competencia, como se indica en la figura a continuación. De hecho, de las 14 jurisdicciones de América Latina y el Caribe incluidas en la base de datos CompStats de la OCDE, únicamente la República Dominicana carecía de un régimen de control de las concentraciones. Las demás jurisdicciones son: Argentina, Barbados, Brasil, Chile, Colombia, Costa Rica, Ecuador, El Salvador, México, Nicaragua, Panamá, Paraguay y Perú (OCDE, 2023[2]).

Figura 2.1. Evolución de los regímenes de derecho de la competencia y de control de las concentraciones en América Latina y el Caribe

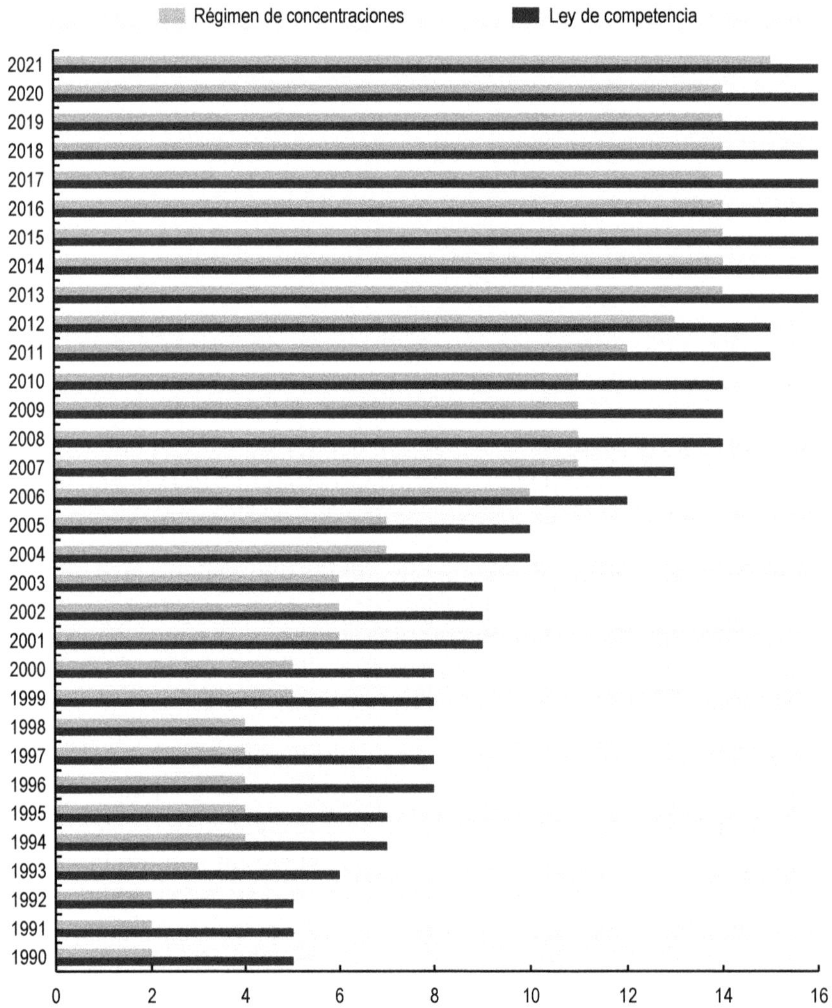

Nota: en el eje horizontal se muestra el número de jurisdicciones en ALC que contaban con un régimen de concentraciones y una ley de competencia para el año en el eje vertical.
Fuente: Base de datos (2023[2]), CompStats (estadísticas de competencia) de la OCDE, https://www.oecd.org/competition/oecd-competition-trends.htm.

En este contexto, a la República Dominicana todavía le falta un régimen general de control de las concentraciones para seguir las prácticas internacionales comunes y las orientaciones de la OCDE en esta materia. De hecho, la mayoría de las jurisdicciones reconocen que pueden surgir problemas de competencia de carácter estructural a raíz de determinadas operaciones de concentración, lo que justifica la existencia de disposiciones de control de las concentraciones que ayuden a evitar que las estructuras de mercado sufran una concentración excesiva y los problemas de competencia conexos.

En América Latina, Perú ha adoptado recientemente un régimen obligatorio de control de las concentraciones aplicable a toda la economía siguiendo una recomendación del Examen Inter-Pares de la OCDE y el BID sobre el Derecho y Política de Competencia en Perú (OCDE-BID, 2018[3]). La nueva legislación peruana de control de concentraciones entró en vigor en junio de 2021 y en sus primeros dos años de vigencia ha generado 29 notificaciones de concentraciones: De ellas, 24 operaciones han sido autorizadas, 1 operación ha sido retirada por las partes que se fusionaban, y 1 operación ha sido aprobada con restricciones en el sector farmacéutico. No se ha bloqueado ninguna transacción.

De hecho, en la Recomendación de la OCDE sobre el examen de las concentraciones se reconoce el importante papel que desempeña un examen eficaz de las concentraciones en el marco de los regímenes de competencia, pues contribuye a lograr una mayor convergencia en los procedimientos de examen de las concentraciones, incluida la cooperación entre las autoridades de competencia, en favor de la aplicación de las mejores prácticas reconocidas internacionalmente. También ayuda a que las autoridades de competencia y las partes que se fusionan eviten costes innecesarios haciendo que los procedimientos de examen de las concentraciones sean más eficaces (OCDE, 2005[4]).

Si bien la República Dominicana no cuenta con un régimen amplio de control de concentraciones en el ámbito de la competencia que se aplique a toda la economía, dispone de ciertos mecanismos parecidos al control de concentraciones, no siempre basados en fundamentos de competencia, que pueden ser aplicados por los organismos reguladores en los sectores de las telecomunicaciones, la electricidad y las finanzas. En general, Pro-Competencia no ha desempeñado ningún papel en estas evaluaciones, aunque estos mecanismos podrían beneficiarse potencialmente de una mayor interacción con los expertos en competencia (por ejemplo, dictámenes no vinculantes de Pro-Competencia).

2.1.1. Sector de las telecomunicaciones

El Instituto Dominicano de las Telecomunicaciones (INDOTEL) se encarga de examinar las concentraciones y adquisiciones en el sector de las telecomunicaciones[1]. En la República Dominicana es obligatoria la notificación previa de las concentraciones y adquisiciones entre empresas de telecomunicaciones, y su incumplimiento puede ser sancionado con una multa de hasta aproximadamente USD 390 mil (DOP 21,4 millones)[2]. No se han establecido umbrales de notificación de las concentraciones.

El INDOTEL está facultado para autorizar sin condiciones, autorizar con condiciones o prohibir una concentración tras haber realizado un análisis de sus efectos en los mercados de referencia. Las razones para oponerse a una concentración son que la operación disminuya, restrinja, dañe o impida la libre competencia[3]. Esto puede ocurrir, por ejemplo, si la concentración confiere a la nueva entidad el poder de restringir sustancialmente el suministro de productos o servicios[4].

El INDOTEL no ha sido muy activo en este ámbito. Desde 2005, el INDOTEL ha autorizado dos concentraciones con condiciones. El ejemplo que figura a continuación ilustra el caso más reciente, en el que participaron las empresas Altice Hispaniola S.A. y Tricom S.A., que fue aprobado condicionalmente por el INDOTEL en 2017.

Recuadro 2.1. Operación de concentración Altice/Tricom aprobada con condiciones por el INDOTEL, 2017

El 20 de septiembre de 2017, el INDOTEL, el organismo dominicano regulador de las telecomunicaciones, autorizó con condiciones la adquisición del operador de telecomunicaciones Tricom S.A. por parte de Altice Hispaniola S.A.

La concentración incluía la transferencia de las autorizaciones otorgadas a Tricom S.A. para el uso de los segmentos del espectro radioeléctrico. El INDOTEL concluyó que la acumulación de espectro iba a mermar la competencia en los mercados relevantes de servicios de telefonía móvil y acceso a Internet. Con el fin de paliar los efectos negativos de la concentración sobre la competencia, el INDOTEL impuso una serie de condiciones entre las que se incluían i) la restitución al organismo regulador de determinadas frecuencias previamente asignadas a Tricom S.A.; y ii) la imposición de determinadas obligaciones en relación con los precios de interconexión (por ejemplo, la obligación de Altice Hispaniola S.A. de publicar su Oferta de Interconexión de Referencia - OIR).

El 22 de noviembre de 2017, el INDOTEL adoptó una resolución revisada en la que se consideraban las solicitudes recibidas de ambas partes en la concentración y de uno de sus principales competidores (a saber, Compañía Dominicana de Teléfonos, S. A. - CLARO) con respecto a la primera resolución del INDOTEL sobre este caso. A raíz de ello, se incluyeron obligaciones adicionales en el paquete de medidas correctivas, por ejemplo, la obligación de adoptar un plan de inversión de 3 años de al menos USD 11,4 millones (DOP 625 millones) para desplegar infraestructuras destinadas a ampliar la cobertura de los servicios móviles con capacidad de banda ancha en las siguientes provincias insuficientemente atendidas de la República Dominicana: Barahona, Bahoruco, Dajabón, Elías Piña y Pedernales.

Fuente: INDOTEL (2017[5]), Resolución n.º 056-17, https://transparencia.indotel.gob.do/wp-content/uploads/2022/10/res-no-056-17.pdf; INDOTEL (2017[6]), Resolución n.º 077-17, https://transparencia.indotel.gob.do/wp-content/uploads/2022/10/res-no-056-17.pdf.

Pro-Competencia no suele participar en el examen de las concentraciones realizadas en el sector de las telecomunicaciones, aunque puede ser consultada y emitir dictámenes de defensa de la competencia. Como se explica más adelante en la sección 3.1.1, las recomendaciones de defensa emitidas por Pro-Competencia no son vinculantes, pero el INDOTEL está obligado a justificar su decisión de no seguir dichas recomendaciones, aunque esto no parece ocurrir en la práctica.

2.1.2. Sector eléctrico

La Superintendencia de Electricidad (SIE) se encarga de hacer cumplir varias disposiciones reguladoras del marco jurídico de la electricidad en la República Dominicana. También se encarga de investigar las concentraciones, es decir, cuando se producen cambios en el control de otras empresas energéticas.

De hecho, la legislación dominicana establece un sistema obligatorio de notificación de concentraciones en el sector eléctrico, en el que las empresas energéticas deben informar de su composición accionarial dos veces al año y los agentes económicos pueden presentar reclamaciones a la Superintendencia si observan cambios en el control de otras empresas energéticas, de conformidad con el artículo 11 de la Ley General de Electricidad (LGE)[5] de 2001 y los artículos 10 y 11 de su Reglamento para la aplicación de la Ley General de Electricidad[6].

La Superintendencia de Electricidad estudia todas las operaciones que conducen a una concentración y debe bloquear cualquier operación que dé lugar a una integración vertical (es decir, las operaciones que darían lugar a la creación de entidades activas en más de uno de los mercados regulados, a saber, la generación, la distribución y la comercialización)[7]. En la República Dominicana está prohibida la integración vertical en el sector eléctrico, salvo en el caso de las tres empresas surgidas a raíz del proceso de capitalización del mercado de distribución de electricidad que se puso en marcha en el país en 2001 y que, no obstante, no deben poseer más de un 15% de cuota de mercado en el mercado nacional de generación de electricidad[8].

Desde 2001, la Comisión Nacional de Energía (CNE), el organismo regulador nacional del sector eléctrico, tan solo había adoptado una resolución por la que se ordenaba la desinversión de la actividad de generación de una empresa energética, AES Corporation Ltd., por superar la cuota de mercado máxima permitida en el mercado de generación de energía para las empresas surgidas a raíz del proceso de capitalización del mercado eléctrico. Pese a que la resolución era eminentemente regulatoria (es decir, pretendía hacer cumplir una disposición reglamentaria que prohíbe a los agentes participar tanto en el mercado de generación como en el de distribución con elevadas cuotas de mercado), en ella se desarrollaban argumentos de competencia, ya que la Superintendencia de Electricidad afirmaba que la existencia de agentes con fuerte poder de mercado habría i) aumentado las prácticas colusorias; ii) fomentado los comportamientos paralelos; y/o iii) aumentado la tendencia de los oligopolios a sancionar a los disidentes[9].

En resumen, el procedimiento utilizado para supervisar la composición del accionariado en el sector eléctrico es muy diferente de la evaluación tradicional de las concentraciones que llevan a cabo las autoridades de competencia en otras jurisdicciones, en particular porque el fundamento del análisis no obedece a motivos típicos de competencia, sino más bien a un requisito reglamentario (es decir, la prohibición de la integración vertical).

2.1.3. Sector financiero

Las concentraciones y adquisiciones realizadas entre entidades de intermediación financiera son examinadas por la Junta Monetaria, órgano encargado de diseñar la política monetaria en la República Dominicana, que se beneficiará del dictamen preceptivo y previo que emita la Superintendencia de Bancos, órgano encargado de supervisar el sector bancario[10].

La evaluación del control de concentraciones se centra en los objetivos estratégicos de la Superintendencia de Bancos, entre otros, la estabilidad financiera, la digitalización e innovación, la inclusión financiera, la eficiencia y solidez institucional, la protección al consumidor, así como la integridad del sistema financiero. En otras palabras, las cuestiones relativas a la competencia no desempeñan ningún papel en el marco actual de examen de las concentraciones en el sector financiero (y Pro-Competencia tampoco está obligada a desempeñar ningún papel). Esta situación parece, cuando menos, incoherente con la orientación proporcionada en el artículo 2 de la Ley Monetaria y Financiera, que establece que la regulación del sector financiero debe garantizar el buen funcionamiento del sistema en un entorno de competitividad, eficiencia y libre mercado.

En vista de que la competencia no desempeña un papel en el actual mecanismo de examen de las concentraciones realizadas en el sector financiero, en este momento la aplicación de la jurisprudencia pertinente en materia de competencia sigue siendo inexistente.

2.2. Tipos de infracciones

En el ámbito de las prácticas anticompetitivas, la Ley de Competencia identifica dos categorías principales de infracciones antimonopolio: las prácticas colusorias entre competidores (artículo 5 de la Ley de Competencia) y el abuso de posición dominante (artículo 6 de la Ley de Competencia). Asimismo, las prácticas de competencia desleal también están tipificadas como infracción en la Ley de Defensa de la

Competencia (artículo 10 de la Ley de Competencia) y pueden ser sancionadas por Pro-Competencia o directamente por los tribunales civiles.

2.2.1. Prácticas colusorias

En el artículo 5 de la Ley sobre la Defensa de la Competencia se establece la infracción relativa a las prácticas colusorias:

> *Art. 5. Quedan prohibidas las prácticas, los actos, convenios y acuerdos entre agentes económicos competidores, sean éstos expresos o tácitos, escritos o verbales, que tengan por objeto o que produzcan o puedan producir el efecto de imponer injustificadamente barreras en el mercado. Se incluyen dentro de las prácticas concertadas y acuerdos anticompetitivos las siguientes conductas:*
>
> *a) Acordar precios, descuentos, cargos extraordinarios, otras condiciones de venta y el intercambio de información que tenga el mismo objeto o efecto;*
>
> *b) Concertar o coordinar las ofertas o la abstención en licitaciones, concursos y subastas públicas;*
>
> *c) Repartir, distribuir o asignar segmentos o partes de un mercado de bienes y servicios señalando tiempo o espacio determinado, proveedores y clientela;*
>
> *d) Limitar la producción, distribución o comercialización de bienes; o prestación y/o frecuencia de servicios, sin importar la naturaleza de los mismos; y,*
>
> *e) Eliminar a competidores del mercado o limitar su acceso al mismo, desde su posición de compradores o vendedores de productos determinados.*

El artículo 5 de la Ley de Competencia abarca una lista de acuerdos horizontales contrarios a la competencia, entre los que se incluyen: I) la fijación de precios; ii) la manipulación de las licitaciones; iii) la repartición del mercado; iv) las restricciones de la producción; y v) los boicots. Sin embargo, en la disposición jurídica se utiliza la expresión «barreras injustificadas» como elemento central del texto: «que tengan por objeto o que produzcan o puedan producir el efecto de imponer injustificadamente barreras en el mercado» (subrayado a efectos del presente informe). Esta formulación no es común en otras jurisdicciones y puede limitar en la práctica la persecución de determinadas prácticas contrarias a la competencia. De hecho, la mayoría de las leyes sobre competencia prohíben las conductas que tienen por objeto o efecto restringir, impedir o limitar la competencia en el mercado, que es un concepto más amplio que el de la imposición de barreras injustificadas al mercado. Si bien las barreras de mercado desempeñan un papel importante a la hora de evaluar la competencia en determinados casos, su utilidad es limitada para el análisis de otros casos (por ejemplo, los acuerdos de fijación de precios, que se consideran una infracción *per se* en la mayoría de los regímenes de derecho de la competencia).

En la República Dominicana, los acuerdos colusorios se consideran infracciones *per se*, tras una resolución emitida por Pro-Competencia en 2021, en la que se afirmaba que ese tipo de prácticas producen presumiblemente efectos desfavorables y, por lo tanto, no es necesario examinar sus efectos en el mercado[11].

No obstante, en el artículo 7, apartado 1, de la Ley sobre la Defensa de la Competencia se establece una exención a la prohibición general de acuerdos colusorios cuando tales prácticas sean accesorias o complementarias a una integración o asociación convenida que haya sido adoptada para lograr una mayor eficiencia de la actividad productiva o para promover la innovación o la inversión productiva. La aplicación de dicha exención debe ser solicitada por las partes investigadas, a quienes corresponde demostrar la eficiencia económica de su conducta[12].

Según la resolución adoptada por Pro-Competencia en 2021, los efectos anticompetitivos de un acuerdo pueden verse compensados por eficiencias económicas si una resolución de Pro-Competencia justifica esta excepción. Tal excepción podrá aplicarse únicamente si: i) el acuerdo contribuye a mejorar la producción, comercialización y/o distribución de los bienes y servicios, o a promover el progreso económico o técnico; ii) los consumidores se benefician de las eficiencias generadas por el acuerdo; iii) las restricciones son indispensables y estrictamente necesarias para obtener los beneficios derivados del acuerdo; y iv) el acuerdo no suprime toda competencia[13]. Se trata de una excepción similar a la prevista en el artículo 101, apartado 3, del Tratado de Funcionamiento de la Unión Europea.

La aplicación de la legislación anticártel todavía es incipiente en la República Dominicana. Desde que Pro-Competencia inició sus actividades de control en 2017, ha investigado siete casos relacionados con acuerdos horizontales, que culminaron en una sanción de un cártel en el sector farmacéutico. Cuatro de los casos fueron desestimados y dos siguen en curso. Además, los organismos reguladores sectoriales con facultades para velar por el cumplimiento de las normas de competencia tampoco han estado activos en este ámbito, y no se han constatado sanciones en el momento de redactar este informe (véase la sección 1.5).

Recuadro 2.2. Caso de cártel en el sector farmacéutico

En 2021, Pro-Competencia sancionó a Profarma Internacional, Sued & Fargesa, J. Gassó y Mercantil Farmacéutica, todos distribuidores de productos farmacéuticos de Glaxosmithkline (GSK) en la República Dominicana, por haber participado en un cártel, con multas totales de alrededor de EUR 200 mil (DOP 14 millones).

Las empresas pactaron descuentos máximos, prohibieron los descuentos a los comerciantes de las fases posteriores y se comprometieron a aplicar los precios recomendados por GSK durante 2015-2018. Como prueba de las prácticas concertadas se utilizaron correos electrónicos y documentos que indicaban que las compañías se reunían en la sede de Sued & Fargesa para hablar sobre las conductas colusorias.

A pesar de considerar la conducta cartelística como una infracción *per se* de la Ley de la Competencia, Pro-Competencia evaluó los argumentos esgrimidos por los demandados en defensa de la eficiencia económica y concluyó que no era aplicable la exención prevista en el artículo 7, punto 1, de la Ley de Competencia porque las pruebas presentadas no demostraban la existencia de efectos favorables para la competencia.

Pro-Competencia detectó un sobreprecio del 2% en los mercados afectados y las multas se calcularon en función de esa estimación.

Esta resolución fue recurrida por los demandados y confirmada por el Tribunal Superior Administrativo (TSA), que concluyó que Pro-Competencia había presentado suficientes pruebas directas para demostrar la implicación de las partes sancionadas en el sistema de cártel. La sentencia del Tribunal Superior Administrativo fue recurrida ante el Tribunal Supremo de Justicia y todavía estaba pendiente una sentencia firme en el momento de redactar este informe.

Fuente: Pro-Competencia (2021[7]), Resolución n.º 010-2021, https://procompetencia.gob.do/wp-content/uploads/2021/06/resolucion-num-010-2021-version-publica.pdf; Sentencias n.º 0030-02-2023-SSEN-00389 y n.º 0030-1643-2023-SSEN-00506 del Tribunal Superior Administrativo.

No se ha sancionado ningún caso de manipulación de las licitaciones y actualmente solamente hay dos casos en curso, lo que parece una cifra muy baja para las normas de ejecución habituales en la región. El caso en curso se refiere a un presunto cártel en la contratación de servicios de comedores y surgió a raíz de una denuncia de los Comedores Económicos del Estado Dominicano, entidad pública encargada de prestar servicios de comedor a personas con ingresos bajos. Ello pone de manifiesto la importancia de una estrecha cooperación entre las autoridades de competencia y las entidades encargadas de las contrataciones públicas (véase la sección 3.2.3).

Por otra parte, el artículo 5 de la Ley de Competencia únicamente se refiere a los acuerdos entre agentes económicos competidores. La Ley de Competencia no contempla los acuerdos verticales anticompetitivos entre empresas activas en distintos niveles de la cadena de suministro. Sin embargo, al igual que en otras jurisdicciones de la región de América Latina y el Caribe[14], las restricciones verticales anticompetitivas pueden quedar amparadas por la Ley de Competencia si una empresa dominante las impone unilateralmente como parte de un abuso de posición dominante (véase la sección 2.2.2).

2.2.2. Abuso de posición dominante

En el artículo 6 de la Ley de Competencia, relativo al abuso de posición dominante, se establece lo siguiente:

> *Art. 6. Quedan prohibidas las conductas que constituyan abusos de la posición dominante de agentes económicos en un mercado relevante susceptibles de crear barreras injustificadas a terceros. Se incluyen dentro de los abusos de posición dominante las siguientes conductas:*
>
> *a) Subordinar la decisión de venta a que el comprador se abstenga de comprar o de distribuir productos o servicios de otras empresas competidoras;*
>
> *b) La imposición por el proveedor, de precios y otras condiciones de venta a sus revendedores, sin que exista razón comercial que lo justifique;*
>
> *c) La venta u otra transacción condicionada a adquirir o proporcionar otro bien o servicio adicional, distinto o distinguible del principal;*
>
> *d) La venta u otra transacción sujeta a la condición de no contratar servicios, adquirir, vender o proporcionar bienes producidos, distribuidos o comercializados por un tercero;*
>
> *e) La negativa a vender o proporcionar, a determinado agente económico, bienes y servicios que de manera usual y normal se encuentren disponibles o estén ofrecidos a terceros; y cuando no existan, en el mercado relevante, proveedores alternativos disponibles y que deseen vender en condiciones normales. Se exceptúan aquellas acciones de negativa a negociar, por parte del agente económico, cuando exista incumplimiento de obligaciones contractuales por parte del cliente o potencial cliente, o que el historial comercial del cliente o potencial cliente demuestre un alto índice de devoluciones o mercancías dañadas, o falta de pago, o cualquier otra razón comercial similar;*
>
> *f) La aplicación, en las relaciones comerciales o de servicios, de condiciones desiguales para prestaciones equivalentes, que coloquen a unos competidores en situación de desventaja frente a otros sin que exista alguna razón comercial que lo justifique.*

Al igual que la disposición legal relativa a la colusión, la disposición relativa al abuso de posición dominante también se fundamenta en la noción de las barreras injustificadas (esto es, «susceptibles de crear barreras injustificadas a terceros»), mientras que la mayoría de las jurisdicciones adoptan un enfoque basado en los efectos sobre la competencia, que es un concepto más amplio. Por lo tanto, los abusos que restringen la competencia pero que no crean barreras a terceros no se considerarían una infracción contraria a la competencia. De conformidad con las prácticas internacionales, el abuso de posición dominante se evalúa aplicando el criterio razonable, lo que significa que solo se considerará ilegal una conducta si sus efectos anticompetitivos superan a sus efectos procompetitivos (eficiencias económicas)[15].

En el artículo 6 de la Ley de Competencia se ofrece una lista no exhaustiva de prácticas abusivas, comúnmente conocidas en el derecho de la competencia, entre las que se incluyen: i) los acuerdos de exclusividad; ii) la fijación de precios de reventa; iii) la vinculación; iv) los acuerdos de exclusividad; v) la negativa a suministrar; y vi) la discriminación. Si bien las restricciones verticales no se mencionan explícitamente en la lista, la disposición legal parece lo suficientemente amplia como para englobar esta práctica; la evolución de la jurisprudencia en los próximos años permitirá confirmar o no esta suposición. De hecho, las restricciones verticales suelen quedar amparadas por las disposiciones sobre abuso de posición dominante en América Latina, a saber, cuando una empresa dominante impone unilateralmente la práctica y esta produce efectos desfavorables en el mercado[16].

En la Ley de Defensa de la Competencia también se incluye una disposición específica por la que se establecen los criterios jurídicos de lo que debe considerarse posición dominante a efectos de la aplicación de la legislación antimonopolio. En general se atiene a las normas comunes según las cuales Pro-Competencia debe considerar las barreras a la entrada al mercado; el poder de fijar precios unilateralmente o restringir de forma sustancial el abastecimiento; la participación en el mercado y la posibilidad de acceso a otras fuentes de insumos; y la relación concurrencial y el comportamiento comercial reciente de las empresas[17];

En la Ley de Competencia no se abordan los abusos de explotación (como los precios excesivos) que perjudican a los consumidores. La conducta ilícita se define únicamente por lo que se refiere a las prácticas excluyentes que impiden, mediante la imposición de barreras, la entrada de competidores o de otras empresas en el mercado.

Además, la Ley de Competencia estipula que una conducta unilateral puede estar justificada si sus efectos procompetitivos (es decir, la eficiencia económica) superan sus efectos anticompetitivos (artículo 7, punto 2 de la Ley de Competencia). En otras jurisdicciones esto suele conocerse como «criterio de la eficiencia económica» o el «criterio razonable». Pro-Competencia asume la carga de la prueba a la hora de demostrar los efectos anticompetitivos de la práctica, mientras que las empresas investigadas asumen la carga de la prueba a la hora de demostrar las posibles eficiencias.

En la República Dominicana, la lucha contra las prácticas de abuso de posición dominante también está dando sus primeros pasos. Pro-Competencia ha investigado siete casos de abuso de posición dominante desde 2017, cuando comenzó su historial de control de las normas de competencia, que dio lugar a una sanción administrativa en el mercado de la cerveza (aún pendiente de revisión judicial). Cinco de los casos fueron desestimados, y uno sigue en curso. Los organismos reguladores sectoriales con facultades para velar por el cumplimiento de las normas de competencia tampoco se han mostrado activos en este ámbito (véase la sección 1.5).

Recuadro 2.3. Abuso de posición dominante en el mercado de la cerveza

En 2018, Pro-Competencia impuso una multa de USD 842 000 (DOP 46 millones) contra la Cervecería Nacional Dominicana (CND) por abusar de su posición dominante en el mercado nacional de cerveza.

La investigación se inició en 2017 a raíz de un estudio de mercado publicado por Pro-Competencia sobre la competencia en el mercado de la cerveza tras la adquisición de la CND en 2012 por AmBev, uno de los principales actores del sector de las bebidas en América Latina.

El mercado relevante se definió como la producción, comercialización y distribución de cerveza en el territorio nacional de la República Dominicana. La cuota de mercado de la CND superaba el 98%, por lo que ocupaba una posición dominante en ese mercado, mientras que United Brands, el principal competidor en el mercado nacional de la cerveza, únicamente tenía una cuota de mercado de aproximadamente el 1,5%.

En 2018, Pro-Competencia adoptó una resolución en la que establecía que la CND infringía la ley de competencia al i) imponer barreras de entrada a nuevos actores; ii) imponer precios de reventa; e iii) imponer cláusulas de exclusividad a los distribuidores y clientes. Entre otras prácticas, la CND disuadía a los minoristas de vender marcas de la competencia, y además imponía cláusulas de reventa exclusivas a los clientes que impedían a otros proveedores de cerveza poder acceder a los consumidores (por ejemplo, exclusividad para cubrir los materiales de promoción).

La resolución de Pro-Competencia fue anulada por el Tribunal Superior Administrativo, puesto que el estudio de mercado utilizado para demostrar la práctica anticompetitiva no podía utilizarse como prueba. Pro-Competencia recurrió ante el Tribunal Supremo de Justicia y todavía estaba pendiente una decisión judicial definitiva en el momento de redactar este informe.

Fuente: Pro-Competencia (2018[8]), Resolución n.º 018-2018, https://procompetencia.gob.do/resoluciones-procompetencia/resolucion-num-018-2018/; Sentencia n.º 0030-04-2022-SSEN-02218 del Tribunal Superior Administrativo.

2.3. Aspectos de procedimiento

2.3.1. Fase de investigación

En el artículo 44 de la Ley de Defensa de la Competencia y en el artículo 21 del Reglamento de Ejecución se establecen las fases del procedimiento que debe seguir la Dirección Ejecutiva y que deben llevarse a cabo en un plazo de 12 meses (véase la sección 2.3.3 siguiente). En primer lugar, se debe notificar a las presuntas partes infractoras la incoación de una investigación formal, informándoles de los cargos que se les imputan[18]. A continuación, los investigados disponen de un plazo prorrogable de 20 días hábiles para dar réplica a las alegaciones y presentar pruebas. Dentro de este plazo, también pueden proponer compromisos (véase la sección 2.4.5). No obstante, el plazo de presentación de pruebas no se limita a los 20 días hábiles, ya que las partes investigadas pueden aportar más pruebas en cualquier momento del procedimiento de investigación. Esto significa que las partes investigadas podrían presentar pruebas justo al final de esta fase, y la Dirección Ejecutiva no tendría tiempo de analizarlas. Las presuntas partes infractoras también pueden solicitar el acceso a la versión no confidencial del expediente en cualquier momento del procedimiento de investigación[19].

Cuando haya concluido el proceso de obtención de pruebas, la Dirección Ejecutiva remitirá una copia del expediente con todas las pruebas a las partes investigadas, que podrán presentar sus objeciones y pruebas adicionales en un plazo de 10 días laborables. En un plazo de 30 días hábiles desde la recepción de las alegaciones de los investigados, la Dirección Ejecutiva presentará un informe de investigación al Consejo Directivo o adoptará una decisión de sobreseimiento si considera que las pruebas no son suficientes para demostrar una conducta contraria a la competencia o cuando concluya que la conducta investigada no restringe la competencia.

El informe de investigación presentado ante el Consejo Directivo deberá incluir: i) la conducta observada; ii) las evidencias que demuestran la conducta, iii) las partes implicadas; iv) los efectos que produce la conducta en el mercado o mercados; v) el tipo de infracción; y vi) la responsabilidad que corresponde a las partes investigadas.

Si bien por regla general todos los documentos e informaciones de una investigación son públicos, la Ley de Competencia prevé la protección de la información confidencial. De hecho, Pro-Competencia puede clasificar de oficio o a petición de una parte interesada cualquier documento o información como confidencial[20]. Sin embargo, únicamente parece estar sujeta a confidencialidad la información comercial sensible. La protección de la información confidencial frente a terceros (por ejemplo, la identidad del denunciante) es fundamental para garantizar una detección eficaz de las infracciones anticompetitivas.

Figura 2.2. Fase de investigación

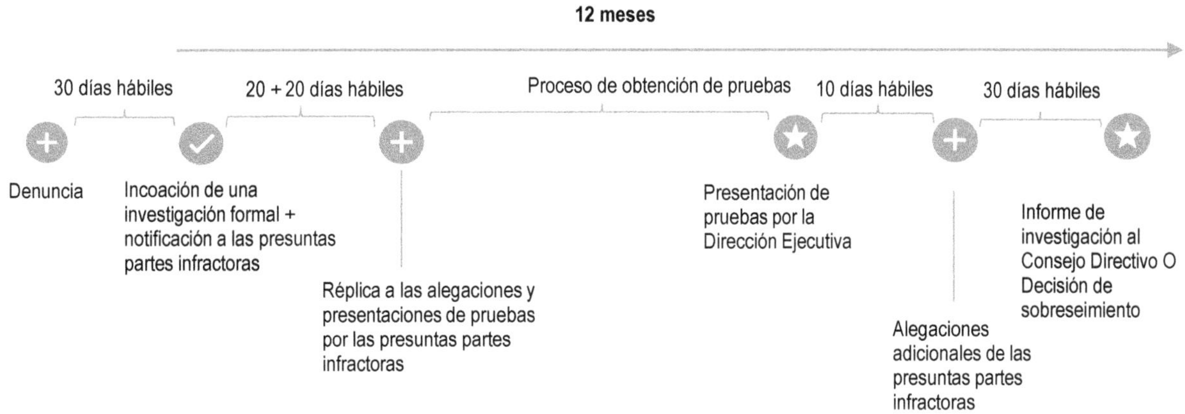

Fuente: OCDE a partir de información procedente de la Ley de Competencia.

2.3.2. Fase de toma de decisiones

El Consejo Directivo decidirá sobre la admisibilidad del caso en un plazo de 30 días laborables a partir de la recepción del informe de investigación de la Dirección Ejecutiva. Algunos de los criterios de admisibilidad son: i) si la Dirección Ejecutiva se ha ajustado al plazo de presentación del informe de investigación; ii) la identificación de las partes; iii) los cargos concretos; iv) el cumplimiento por parte de la Dirección Ejecutiva del principio de legalidad (valorar si las actuaciones del órgano de investigación se han llevado a cabo en el marco de sus competencias); v) el cumplimiento de las debidas garantías procesales y del derecho de defensa; y vi) el razonamiento del informe de investigación. En caso de que se admita el caso, el Consejo Directivo notificará su decisión a las presuntas partes infractoras.

Una vez admitido el caso, el proceso de toma de decisiones se desarrolla en dos fases: la fase de presentación de pruebas y la fase de decisión.

Durante la fase probatoria, el Consejo Directivo, de oficio o a petición de las partes, celebra una audiencia pública para la presentación de nuevas pruebas en el plazo de 15 días hábiles desde la notificación de la admisibilidad del caso. El objeto de la audiencia es valorar las nuevas pruebas y decidir sobre su admisibilidad. Las partes pueden interponer un recurso de reposición contra la resolución del Consejo Directivo sobre la admisión de nuevas pruebas en un plazo de 10 días hábiles.

Durante la fase de decisión, el Consejo Directivo organizará una audiencia pública adicional para escuchar los argumentos y alegaciones de las distintas partes. Durante esta audiencia pública, se escucharán las alegaciones de la Dirección Ejecutiva, del denunciante, de los testigos y de las presuntas partes infractoras. El Consejo Directivo puede formular preguntas y solicitar aclaraciones a todas las partes. Una vez concluida la audiencia pública, el Consejo Directivo levantará acta de la misma y puede otorgar un plazo adicional razonable para que los presuntos infractores presenten nuevos argumentos de defensa. Transcurrido este plazo, el Consejo Directivo dispone de 45 días hábiles para dictar la resolución administrativa definitiva del caso.

2.3.3. Plazos de prescripción e investigación

Las investigaciones suelen estar sujetas a un plazo de prescripción, que se refiere a un periodo determinado establecido para emprender acciones contra determinadas prácticas contrarias a la competencia (por ejemplo, un número máximo de años para iniciar una investigación una vez finalizada la supuesta práctica ilegal). En algunos países, también se establecen plazos formales para concluir las investigaciones, que fijan un periodo máximo para llevar a cabo una investigación (por ejemplo, un número máximo de años para concluir una investigación a contar desde la apertura del procedimiento formal hasta la adopción de un dictamen ante el órgano jurisdiccional).

En la República Dominicana, tanto los plazos de prescripción como los de investigación se encuentran previstos en la Ley de Defensa de la Competencia[21].

El plazo de prescripción es de un año y comienza a contar a partir del cese la supuesta conducta ilícita[22]. Se trata de un plazo muy corto en comparación con los plazos de prescripción aplicados en otras jurisdicciones, como se indica a continuación.

Recuadro 2.4. Plazos de prescripción de las infracciones del derecho de la competencia

Brasil

En Brasil, el plazo general de prescripción de las infracciones anticompetitivas es de 5 años (y de 12 años para los cárteles) a contar desde la fecha en que se cometió la irregularidad. En el caso de las infracciones permanentes o continuas, el plazo debe contarse a partir del día en que cesó la infracción.

Costa Rica

En Costa Rica, el plazo de prescripción es de 4 años, que empiezan a contar desde el momento en que la autoridad de competencia tiene conocimiento de la conducta o desde el momento en que esta provocó efectos negativos en la competencia. En el caso de las prácticas continuadas, el plazo de prescripción empieza a contar desde el momento en el que se produjo la última circunstancia relacionada con la conducta.

México

En México, el plazo de prescripción para perseguir las prácticas anticompetitivas es de 10 años y empieza a contar a partir del cese de la presunta conducta ilícita.

Fuente: Brasil, Ley n.º 12.529/2011; Costa Rica, Ley de Promoción de la Competencia y Defensa Efectiva del Consumidor núm. 7472, 1994 y Ley de Fortalecimiento de las Autoridades de Competencia de Costa Rica núm. 9736, 2019; México, Ley Federal de Competencia Económica, 2014.

No cabe duda de que un plazo de prescripción breve socava la eficacia de la aplicación de las normas de competencia, así como de la política de competencia en general, en particular cuando se trata de conspiraciones secretas, como los cárteles, que por naturaleza son difíciles de detectar.

La Ley de Competencia dominicana también establece plazos de investigación, algo que existe en algunos países, pero que sigue siendo poco común cuando no va acompañado de mecanismos adecuados de suspensión de los plazos (por ejemplo, cuando la autoridad de competencia envía una solicitud de información). En la República Dominicana, este plazo es de 12 meses, lo que significa que el derecho a perseguir los delitos (y por tanto a imponer sanciones) expira si la Dirección Ejecutiva tarda más de 12 meses en concluir la investigación[23]. Este plazo de 12 meses tan solo puede suspenderse en dos circunstancias[24]:

i) si las partes se han opuesto a la participación del Director Ejecutivo o de un miembro del Consejo Directivo por los motivos establecidos en el Código Procesal Penal (por ejemplo, presunta condena penal o negligencia en el desempeño de sus funciones); o

ii) si los presuntos infractores se niegan a responder a un requerimiento de la Dirección Ejecutiva, siempre que se hayan agotado todos los procedimientos judiciales.

El plazo de prescripción de 12 meses es demasiado reducido para llevar a cabo una investigación en toda regla, recopilar las pruebas necesarias y llevar a cabo un análisis pormenorizado, especialmente en los casos complejos. La mayoría de las jurisdicciones no establecen plazos para llevar a cabo las investigaciones. Según se muestra a continuación, las jurisdicciones en las que se han establecido plazos de investigación han optado por plazos más largos que los aplicables en la República Dominicana. Además, otorgan a las autoridades de competencia una mayor flexibilidad para suspender o ampliar el período de investigación.

Recuadro 2.5. Plazos de investigación en el ámbito de la competencia en Costa Rica, México y España

Costa Rica

En Costa Rica, los procedimientos administrativos incoados por infracciones a las normas de competencia se dividen en dos fases de investigación: la fase preliminar y la fase de evaluación. La fase preliminar dura 12 meses y tiene por objeto determinar si existe un problema de competencia y si hay razones para iniciar una investigación formal. La autoridad de competencia puede prorrogar hasta seis meses la fase preliminar en determinadas situaciones (por ejemplo, si la investigación se refiere a más de una conducta contraria a la competencia). Una vez que la autoridad de competencia decide abrir una investigación formal, se inicia la fase de evaluación y la autoridad dispone de 10 meses para adoptar una resolución, que podrá prorrogarse una vez por un período adicional de seis meses (por ejemplo, si se precisa más tiempo para analizar nuevas pruebas o nuevos hechos). Por último, una vez concluida la fase de evaluación, la autoridad de competencia dispone aún de 7 meses para presentar su resolución definitiva, que solo podrá prorrogarse 1 mes.

México

En México, las investigaciones relativas a la competencia deben llevarse a cabo en un plazo de 120 días hábiles, prorrogables en cuatro ocasiones, lo que supone un cómputo máximo de 600 días hábiles (alrededor de dos años y medio). La investigación concluye con la presentación de una propuesta de decisión al Consejo (órgano decisorio) o recomendando que se archive el caso.

España

En España, La Comisión Nacional de los Mercados y la Competencia (CNMC) dispone de 18 meses para completar un procedimiento administrativo a contar desde el inicio de la investigación hasta la adopción de la resolución definitiva. La fase de instrucción puede durar solo 12 meses, pudiendo suspenderse por los siguientes motivos i) por la necesidad de aclarar dudas sobre las pruebas o de recabar documentos de las partes; ii) por una solicitud de información dirigida a otro agente público; iii) por un proceso de cooperación con otras jurisdicciones; iv) por un recurso administrativo en curso (por ejemplo, contra la decisión de inspección); v) por la necesidad de aportar pruebas complementarias; y vi) por la negociación de compromisos con las partes investigadas.

Fuente: México, Ley Federal de Competencia Económica, 2014; España, Ley 15/2007 de Defensa de la Competencia y Real Decreto 261/2008 por el que se aprueba el Reglamento de Defensa de la Competencia; Costa Rica, Ley de Promoción de la Competencia y Defensa Efectiva del Consumidor n.º 7472, 1994 y Ley de Fortalecimiento de las Autoridades de Competencia de Costa Rica n.º 9736, 2019.

2.4. Facultades de aplicación de la ley de competencia

En la Ley de Competencia y en el Reglamento de Aplicación se establecen las facultades que posee Pro-Competencia para investigar y sancionar las conductas contrarias a la competencia. Entre las herramientas de investigación y detección se incluyen las investigaciones de oficio, las inspecciones sin previo aviso, las solicitudes de información y las declaraciones durante los interrogatorios.

2.4.1. Herramientas de detección

En virtud del artículo 36 de la Ley de Competencia, la Dirección Ejecutiva puede iniciar investigaciones de oficio si sospecha que una conducta infringe la ley o a raíz de la denuncia de una parte con un interés legítimo.

Las denuncias deben presentarse por escrito y deberán incluir los siguientes elementos: i) el nombre y los datos de contacto del denunciante; ii) el nombre y los datos de contacto de los presuntos infractores; iii) los hechos y pruebas referentes a la presunta infracción; iv) si el denunciante solicita medidas cautelares, las medidas previstas y los riesgos para el mercado y el denunciante derivados de no adoptarlas; y v) una solicitud de confidencialidad respecto a la información sensible contenida en la denuncia[25].

Los denunciantes también deben demostrar el interés legítimo presentando pruebas de que la presunta infracción les está ocasionando o puede ocasionarles un perjuicio económico sustancial[26]. Las infracciones pueden denunciarse a distancia, a través de un sistema electrónico para la presentación de denuncias disponible en el sitio web de Pro-Competencia (Pro-Competencia, 2020[9]), pero no es posible presentar una denuncia anónima relacionada con la competencia en la República Dominicana.

La Dirección Ejecutiva debe decidir sobre la validez de las denuncias en un plazo de 30 días laborables. Las decisiones sobre la admisión o el rechazo de las denuncias deben estar fundamentadas y basarse en una investigación preliminar. Se considerará que las denuncias son válidas si incluyen los elementos mencionados e incluyen pruebas documentales de los hechos alegados.

De admitirse la denuncia, la Dirección Ejecutiva dictará una resolución de incoación de una investigación formal y la notificará a las partes. La Ley de Competencia prevé plazos incoherentes para la notificación de la incoación de una investigación formal. En el artículo 39 de la Ley de Competencia se establece un plazo de 3 días laborables a partir de la aceptación de la denuncia, mientras que en el artículo 44 se prevé un plazo de 5 días laborables. Además de la notificación de la incoación de una investigación formal, las partes recibirán la denuncia, una descripción de los hechos y todas las pruebas presentadas por el denunciante.

La Dirección Ejecutiva deberá publicar todas las denuncias admitidas y las investigaciones de oficio en el sitio web de Pro-Competencia. Las partes con intereses legítimos podrán presentar información o solicitar su intervención como terceros en el procedimiento en un plazo de 10 días hábiles a partir de la publicación[27].

Por lo que se refiere a las infracciones anticompetitivas (y a los cárteles en particular), los métodos de detección pueden ser proactivos o reactivos. Mientras que los métodos proactivos los inicia la autoridad de competencia y no dependen de un acontecimiento externo, los métodos reactivos dependen de que se produzca un acontecimiento externo antes de que la autoridad de competencia tenga conocimiento de un problema (Hüschelrath, 2010[10]). Las denuncias (de competidores, clientes, otros organismos o trabajadores actuales o antiguos), la información externa (por ejemplo, denunciantes e informadores) y la solicitud de clemencia son ejemplos de métodos reactivos. Entre los métodos proactivos cabe citar el uso de la economía (por ejemplo, factores de colusión, estudios del sector y análisis del mercado), el uso de información de casos anteriores (incluso de otras jurisdicciones), el seguimiento del sector (por ejemplo, prensa e Internet, seguimiento de la carrera de los directivos del sector y contacto regular con los representantes del sector), la cooperación entre organismos (autoridades nacionales o extranjeras de competencia u otros organismos) y los análisis tecnológicos (por ejemplo, análisis estructurales y análisis de comportamiento) (OCDE, 2023[11]).

Pro-Competencia está facultada para iniciar investigaciones de oficio, pero todavía son incipientes[28]. Como ya se ha mencionado, los recursos de la autoridad de competencia dominicana son bastante escasos, tanto a nivel material (por ejemplo, dispositivos tecnológicos) como humano, por lo que el uso de métodos reactivos de detección es limitado[29].

En la Recomendación de la OCDE relativa a una acción eficaz contra los cárteles intrínsecamente nocivos (Effective Action against Hard Core Cartels) se reconoce la importancia de las investigaciones de oficio y se afirma que las jurisdicciones deben servirse de herramientas proactivas de detección de cárteles, como el análisis de datos relativos a las contrataciones públicas, para impulsar y fundamentar las investigaciones de cárteles (OCDE, 2019[12]). De hecho, ha aumentado el interés de las autoridades de competencia por utilizar sistemas de análisis para detectar cárteles en todo el mundo, teniendo en cuenta que cada vez se dispone de más cantidades de datos digitales sobre precios y cantidades, así como la aparición de nuevas tecnologías para extraer y analizar datos de forma cada vez más automatizada (OCDE, 2022[13]).

En cuanto a los métodos de detección reactivos, las denuncias han desempeñado un papel importante en la República Dominicana. Desde 2017, Pro-Competencia ha recibido 59 denuncias: 27 relacionadas con prácticas de competencia desleal, 9 relacionadas con infracciones de cárteles, 5 con abuso de posición dominante (y el resto referidas a otro tipo de infracciones).

Sin embargo, el hecho de que no sea posible presentar una denuncia anónima puede impedir que las personas conocedoras de una infracción denuncien por miedo a represalias (por ejemplo, despido o inclusión en una lista negra del sector). En este sentido, en la Recomendación relativa a una acción eficaz contra los cárteles intrínsecamente nocivos (Effective Action against Hard Core Cartels) se anima a las jurisdicciones a facilitar la comunicación de información sobre cárteles por parte de los denunciantes, ofreciendo salvaguardias adecuadas que protejan su anonimato (OCDE, 2019[12]).

Además, el requisito de publicar las denuncias y la versión completa de las decisiones de incoación de investigaciones formales puede redundar en detrimento de las etapas posteriores del procedimiento de investigación (ya sea de oficio o iniciada tras una denuncia), especialmente en los casos de cárteles, ya que puede contener información confidencial o sensible para la investigación.

Por último, la República Dominicana no goza de una política de clemencia en la lucha contra los cárteles, que a menudo ha constituido una poderosa herramienta de detección en muchas jurisdicciones, incluidas algunas de América Latina, aunque el número de solicitudes de clemencia ha disminuido en todo el mundo (OCDE, 2023[11])..

Uno de los objetivos más importantes a la hora de introducir un programa de clemencia es la detección. Generalmente, los delincuentes son conscientes de la ilegalidad de su conducta, por lo que se esfuerzan mucho por ocultar sus actividades. Al menos en teoría, una política de clemencia aumenta la probabilidad de detectar y castigar con eficacia las conspiraciones secretas como los cárteles y los delitos de guante blanco en general. También puede ayudar a descubrir cárteles que de otro modo pasarían desapercibidos y puede servir para desestabilizar los cárteles existentes. La disuasión es otro de los objetivos de la instauración de un régimen de clemencia. A la hora de plantearse participar en un cártel, las empresas tendrán en cuenta la probabilidad de ser detectadas y sancionadas. Es probable que la puesta en marcha de un programa de clemencia aumente la posibilidad de descubrir las actividades del cártel, porque genera incertidumbre sobre si otros miembros del cártel recurrirán a esta herramienta para denunciar el acuerdo anticompetitivo (OCDE, 2018[14]).

No obstante, dos de las condiciones previas para que un programa de clemencia funcione eficazmente son un alto riesgo de detección y sanciones significativas. Por lo general, las medidas de clemencia funcionarán bien si la autoridad de competencia pertinente se ha labrado un grado de credibilidad suficiente en lo que respecta a su capacidad para detectar y sancionar las infracciones de cárteles y si los miembros del cártel perciben un riesgo real de que las autoridades de competencia puedan detectar y constatar una infracción de cártel, incluso sin recurrir a un programa de clemencia. Un programa de clemencia eficaz también depende del grado de severidad de las sanciones impuestas a los miembros del cártel (tanto particulares como empresas) que no cumplan los requisitos para acogerse. Lo ideal sería que las multas superasen los posibles rendimientos de los cárteles para que no puedan considerarse simplemente como una actividad «rentable». En los últimos 20 años, se ha observado una tendencia mundial a aumentar las multas contra las empresas y contra los particulares (OCDE, 2017[15]).

Pro-Competencia ha puesto en marcha un mecanismo interno destinado a reducir las multas a cambio de colaboración[30], que guarda ciertas similitudes con las políticas de clemencia, ya que aumenta la calidad de las pruebas y refuerza los casos, aunque no es propiamente una herramienta de detección. Este aspecto se examinará con más detalle en la sección 2.4.5.

2.4.2. Inspecciones sin previo aviso

Desde 2017, Pro-Competencia solo ha llevado a cabo dos inspecciones sorpresa: una en relación con el cártel sancionado en el mercado farmacéutico (véase el Recuadro 2.2) y otra vinculada a una investigación en curso relacionada con la contratación pública de oxígeno medicinal.

La Ley de Competencia permite a Pro-Competencia efectuar dos tipos de inspecciones: i) inspecciones anunciadas con la autorización de la empresa investigada; o ii) inspecciones no anunciadas (inspecciones sorpresa) con una orden de registro emitida por un tribunal competente, que ha sido la opción preferida ya que suele ser más eficaz para las investigaciones. De hecho, la solicitud previa de una inspección anunciada aumenta el riesgo de que se destruyan pruebas relevantes que, de otro modo, podrían haber ayudado a perseguir las irregularidades.

En lo que respecta al procedimiento, la Ley de Competencia exige que las autorizaciones para las inspecciones sin previo aviso se soliciten de conformidad con el Código Procesal Penal ante un tribunal penal. Este requisito no parece ser compatible con las facultades concedidas a Pro-Competencia de realizar inspecciones en el marco de infracciones administrativas y puede aumentar el nivel de prueba necesario para que los jueces concedan las autorizaciones para las inspecciones administrativas sorpresa. De hecho, en los dos casos que prosperaron mencionados anteriormente fue necesario establecer un vínculo entre el presunto cártel y una sospecha de blanqueo de capitales y de delitos contra la propiedad intelectual para solicitar la autorización judicial de las inspecciones sorpresa. En la práctica, el contexto y los hechos de los casos individuales no siempre permiten este tipo de ajustes, algo que puede resultar perjudicial de cara a futuras investigaciones de cárteles.

Otros obstáculos guardan relación con las etapas preliminares internas exigidas por la Ley de Competencia para recurrir a las inspecciones sorpresa: la Dirección Ejecutiva, encargada de las investigaciones en Pro-Competencia, debe solicitar primero autorización al Consejo Directivo, que según la Ley de Competencia es el órgano facultado para acceder a los locales de las empresas (aunque esto no ocurre en la práctica) y solicitar la orden de registro ante el juez competente con la asistencia del Procuraduría General de la República[31]. Una mayor separación entre los poderes de investigación y resolución parecería más acorde con las prácticas internacionales comunes, dado el sistema dual existente en la República Dominicana, que prevé un órgano de investigación (Dirección Ejecutiva) y un órgano de resolución (Consejo Directivo) en el seno de Pro-Competencia.

Con el fin de salvaguardar los derechos constitucionales de defensa, Pro-Competencia lleva a cabo inspecciones sorpresa tras haber notificado a los presuntos infractores el inicio de una investigación formal[32], aunque es probable que esto menoscabe el efecto sorpresa, que constituye una de las principales características de las inspecciones sin previo aviso. En cualquier caso, en la práctica, la Dirección Ejecutiva notifica a las partes investigadas el inicio de la investigación formal justo antes de presentar la orden judicial que autoriza la inspección sin previo aviso y justo antes de entrar en las instalaciones.

Una vez iniciada la inspección, la Dirección Ejecutiva podrá registrar los locales, las propiedades y los medios de transporte de los agentes económicos para recabar pruebas, con el apoyo de la Dirección de la Policía Nacional (DPN). La Dirección Ejecutiva también puede obtener extractos y copias de libros, documentos y registros contables de las partes investigadas, que pueden recogerse en papel o electrónicamente[33]. En la práctica, la mayoría de las pruebas incriminatorias en los casos de competencia se encuentran en formato electrónico, y los equipos informáticos forenses permiten recopilar pruebas electrónicas de forma segura, garantizando el origen de la información y la cadena de custodia. Al no disponer de equipos informáticos forenses, Pro-Competencia recoge las pruebas digitales con la ayuda de la Policía Nacional y utilizando sus herramientas informáticas forenses. Si bien la colaboración con la Policía Nacional es positiva, las autoridades de competencia también deberían poder desarrollar su propia especialización en informática forense, con el personal y los equipos necesarios, a fin de aumentar su autonomía en las investigaciones de cárteles.

En la Ley de Competencia también se impone a las partes inspeccionadas la obligación de cooperar durante las inspecciones y se puede recurrir a las sanciones y/o al uso de la fuerza estatal para garantizar el cumplimiento de la disposición general de obligación de cooperación. Aunque establece la posibilidad de sanción en caso de incumplimiento de esta obligación, la Ley de Competencia remite al artículo 64, que no contiene ninguna información sobre sanciones[34].

2.4.3. Solicitudes de información

Según la Ley de Defensa de la Competencia y su Reglamento de Aplicación[35], Pro-Competencia puede solicitar a las empresas información, datos o documentos en cualquier momento del procedimiento administrativo. Las solicitudes de información pueden ir dirigidas a los investigados, pero también a terceros. Tanto las partes investigadas como los terceros tienen la obligación formal por ley de responder a las solicitudes de información[36], aunque la Ley de Competencia no prevé ninguna multa por la ausencia de respuesta o retraso en la respuesta. De hecho, solamente la presentación de información falsa puede ser objeto de multas impuestas por Pro-Competencia[37]. Sin embargo, según el artículo 58 de la Ley de Competencia, quienes no atiendan las solicitudes del Consejo Directivo de Pro-Competencia podrán ser objeto de las sanciones penales previstas en el Código Penal dominicano. La persecución de estas infracciones corresponde al Ministerio Público.

Según la Recomendación de la OCDE relativa a una acción eficaz contra los cárteles intrínsecamente nocivos (Effective Action against Hard Core Cartels), las autoridades de competencia deben estar dotadas de poderes efectivos para investigar los cárteles intrínsecamente nocivos, lo que incluye poderes para solicitar y obtener información de los investigados y de terceros, y también para imponer sanciones por incumplimiento de las solicitudes obligatorias y por obstrucción de las investigaciones (OCDE, 2019[12]). Lo mismo cabe decir de los casos de abuso de posición dominante.

Además, las solicitudes de información no interrumpen el plazo de 12 meses de que dispone Pro-Competencia para completar su investigación, algo que también perjudica la eficacia de esta herramienta de control en las investigaciones antimonopolio. En la sección 2.3.3 anterior se ha examinado con más detalle la información sobre los plazos de investigación, incluidos los plazos de prescripción.

La Dirección Ejecutiva también puede entrevistar a los imputados y grabar sus declaraciones. Según la Ley de Competencia, las entrevistas a los investigados deben realizarse en presencia de su abogado defensor. El acta de la entrevista debe ser firmada por el entrevistado o se debe hacer constar por escrito su negativa a firmar. La Ley de Competencia no se pronuncia sobre los derechos procesales aplicables a las entrevistas realizadas a terceros, y a la hora de grabar las declaraciones de otras partes la Dirección Ejecutiva aplica en la práctica las garantías procesales previstas en la ley para los investigados.

En cuanto a las solicitudes de información realizadas a otras entidades gubernamentales por Pro-Competencia, estas se rigen principalmente por el principio de colaboración consagrado en el artículo 12 de la Ley Orgánica de la Administración Pública (LOAP) y no propiamente por la Ley de Competencia.

2.4.4. Medidas cautelares

La Ley de Competencia establece que Pro-Competencia puede dictar medidas cautelares antes de la adopción de una resolución administrativa definitiva al objeto de garantizar la efectividad de sus facultades de aplicación de la normativa de competencia. En el artículo 64 se establecen los criterios generales para la concesión de medidas cautelares: i) para asegurar la eficacia de una eventual resolución sancionadora; ii) cuando no exista posibilidad de causar daños irreparables a las partes afectadas por dichas medidas; y iii) cuando su adopción sea conforme a derecho. Las medidas cautelares se limitan al cese de la conducta presuntamente infractora y al establecimiento de una garantía que cubra los daños y perjuicios que puedan ocasionar las medidas cautelares[38].

Sin embargo, la Ley de Competencia no es clara en cuanto a quién es la autoridad competente en Pro-Competencia para dictar medidas cautelares. Según entiende Pro-Competencia, dicha facultad corresponde a la Dirección Ejecutiva, y el Consejo Directivo puede revisar las medidas cautelares que imponga la Dirección Ejecutiva[39]. La primera medida cautelar dictada por la Dirección Ejecutiva se emitió en abril de 2023[40].

Además, Pro-Competencia puede solicitar al tribunal competente que dicte medidas cautelares a través del Consejo Directivo[41]. Las medidas cautelares dictadas por los tribunales no se limitan a abstenerse de actuar (requerimiento negativo), sino que podrían incluir un requerimiento positivo (es decir, exigir a las partes que actúen). Pese a que las medidas cautelares suelen resultar más útiles durante la fase de investigación, ni en la Ley ni en el Reglamento de Aplicación se explica qué función desempeña la Dirección Ejecutiva en las solicitudes de medidas cautelares ante los tribunales. En la práctica, el Consejo Directivo ha solicitado medidas cautelares ante los tribunales judiciales con el apoyo de la Dirección Ejecutiva. Desde 2017, Pro-Competencia ha solicitado medidas cautelares en relación con seis casos, pero el Poder Judicial no ha accedido a ninguna de sus peticiones. Estos procedimientos duraron de 3 a 7 meses, plazo que se antoja largo teniendo en cuenta que las medidas cautelares suelen servir para proteger un daño inminente e irreparable, entre otros requisitos que se examinarán más adelante[42].

Según las prácticas internacionales, son las autoridades públicas o los tribunales quienes conceden las medidas cautelares con fines protectores y correctivos, es decir, para proporcionar un alivio temporal a la espera del resultado de un caso. Además, estas medidas se suelen conceder en circunstancias excepcionales y suelen requerir el cumplimiento de dos condiciones fundamentales: la probabilidad de que el caso prospere sobre el fondo y la urgencia de evitar el daño (OCDE, 2022[16]).

La adopción de medidas cautelares es una herramienta poderosa e intrusiva. Requiere, sin duda, un ejercicio de equilibrio entre un procedimiento acelerado para actuar con urgencia (y eficacia) a fin de evitar daños graves e irreparables y la defensa de los derechos de las partes implicadas. Para preservar estos derechos, muchas jurisdicciones han establecido procedimientos de medidas cautelares con salvaguardias esenciales. Según el Reglamento de Aplicación, el Consejo Directivo debe establecer el procedimiento administrativo para la adopción de medidas cautelares, pero aún no se ha establecido[43].

2.4.5. Sanciones, procedimientos de transacción y compromisos

En la República Dominicana, tanto las empresas como los particulares (por ejemplo, representantes legales o directores de una empresa)[44] pueden ser sancionados por infracciones contra la competencia. El artículo 61 de la Ley de Competencia dispone las siguientes sanciones:

a) Las multas mínimas son equivalentes a 200 veces el salario mínimo y las máximas equivalentes a 3000 veces el salario mínimo por delitos de manipulación de licitaciones.

b) Las multas mínimas son equivalentes a 30 veces el salario mínimo y las máximas equivalentes a 3 000 veces el salario mínimo en el caso de las prácticas concertadas y los acuerdos de fijación de precios, la repartición del mercado, la limitación de la producción, la eliminación de competidores o la obstaculización del acceso al mercado y los abusos de posición dominante.

c) Las multas mínimas son equivalentes a 50 veces el salario mínimo y las máximas equivalentes a 200 veces el salario mínimo por facilitar información falsa a Pro-Competencia.

La Ley de Competencia establece las multas en función de los salarios mínimos, que difieren según los sectores económicos de la República Dominicana, por lo que se calculan en función del salario mínimo aplicable al sector en el que se haya producido la conducta anticompetitiva[45]. Según el Ministerio de Trabajo, el salario mínimo medio en el país era de DOP 17 873 (unos EUR 300) en enero de 2023 (Presidencia de la República Dominicana, 2023[17]). En la práctica, esto significa que las multas oscilan entre EUR 9 000 y EUR 900 000, cifras que parecen muy bajas, sobre todo para determinados mercados que registran enormes beneficios y volúmenes de negocios.

Si bien en la Ley de Competencia se contempla una multa por el suministro de información falsa a Pro-Competencia, no se prevé ninguna sanción por la falta de respuesta, las respuestas fuera de plazo, ni por el uso de información incompleta o engañosa, que son habituales en otras jurisdicciones y necesarias en aras de garantizar la eficacia de las facultades de investigación de la autoridad de competencia.

En el siguiente cuadro se compara el nivel máximo de las multas impuestas a las empresas en materia de competencia en algunas jurisdicciones de la región. Estas jurisdicciones prevén niveles máximos de multas sobre la base de un porcentaje del volumen de negocios o una combinación de este último con una cantidad monetaria específica. De este modo se consigue una mayor proporcionalidad y flexibilidad a la hora de aplicar las sanciones, permitiendo a las autoridades de competencia tener mejor en cuenta el tamaño de la empresa y el impacto de la conducta en el mercado.

Cuadro 2.1. Nivel máximo de las multas impuestas a las empresas en materia de competencia en determinadas jurisdicciones de América Latina

Jurisdicción	Legislación	Sanción máxima
Brasil	Artículo 37 de la Ley n.º 12.529/2011	El 20% de los ingresos del grupo económico investigado en el sector económico en el que se produjo la conducta ilegal. Si es posible calcular la ventaja económica obtenida con la conducta anticompetitiva, la multa no debe ser inferior a ese valor.
Chile	Artículo 26 del Decreto Ley n.º 211 de 1973 (actualización de 2016)	Si es posible determinar la línea de productos o servicios relacionados con la práctica ilegal o la ventaja económica obtenida con la conducta investigada, las sanciones pueden ser alternativas: El 30% de las ventas del infractor correspondientes a la línea de productos o servicios; o el doble del beneficio económico.
Colombia	Artículo 4, apartado 15, del Decreto 2153 de 1992 (modificado por la Decreto 1340 de 2009)	Hasta 100 mil veces el «Valor Unitario Tributario» (UVT), equivalente a aproximadamente COP 4 000 millones (alrededor de EUR 900 000) o el 150% de la ventaja económica, si es posible de obtener.
Costa Rica	Artículo 119 de la Ley n.º 9736 de 2019	El 10% de los ingresos totales de la empresa investigada en el ejercicio fiscal anterior al de la imposición de la sanción.
Ecuador	Artículo 79 de la Ley Orgánica de Regulación y Control del Poder del Mercado de 2011	El 12% de los ingresos brutos totales de la empresa o grupo económico en el ejercicio anterior al de la imposición de la sanción.
México	Artículo 127 de la Ley Federal de Competencia Económica de 2014	El 10% de los ingresos totales de la empresa dentro del país en el ejercicio fiscal anterior al de la conducta ilícita.

Fuente: OCDE a partir de información pública.

La imposición de multas proporcionadas es fundamental para disuadir a las empresas de infringir la ley, que no debe percibirse como una actividad rentable. En condiciones ideales, las multas deberían superar los beneficios potenciales de las infracciones divididos por la probabilidad de detección (Ginsburg and

Wright, 2010[18]; Connor and Lande, 2012[19]). Si los beneficios que se espera obtener de la infracción son superiores a la multa prevista, es probable que las empresas que lo consideren razonable no se planteen solicitar clemencia ni se abstengan de adoptar conductas contrarias a la competencia (OCDE, 2019[20]).

A fin de determinar el importe exacto de una multa, Pro-Competencia deberá tener en cuenta los siguientes criterios[46]:

a) el alcance y el tipo de restricción de la competencia;
b) el tamaño de los mercados afectados;
c) los efectos anticompetitivos producidos en los competidores reales o potenciales, los consumidores y los usuarios;
d) la premeditación y la intención;
e) la cuota de mercado del infractor;
f) la duración de la infracción; y
g) la reincidencia y los antecedentes penales y de infracción del infractor.

En caso de reincidencia, se podrá imponer una multa adicional equivalente al doble de la multa. Además, en caso de que el infractor se niegue a pagar, el importe de la multa podrá incrementarse en un 3% por ciento cada mes hasta que el infractor abone la cantidad adeudada.

En 2017, el Consejo Directivo adoptó una Resolución[47] en la que se explica cómo calcula la autoridad de competencia uno de los elementos necesarios para calcular la multa, es decir, el daño ocasionado por la práctica anticompetitiva (véase el Recuadro 2.6).

Recuadro 2.6. Metodologías para calcular el daño provocado por las infracciones cometidas contra el derecho de la competencia

En su Resolución núm. 021-2017, Pro-Competencia señala que la cuantificación de los daños que ocasiona una conducta anticompetitiva se basa principalmente en determinar qué hubiera sucedido si los agentes económicos no hubiesen incurrido en una conducta anticompetitiva. Este escenario se conoce comúnmente como contrafactual. Dado que el escenario contrafactual no puede observarse directamente, es necesario construirlo. En la resolución se prevén distintas metodologías para estimar el escenario contrafactual, a saber:

- Comparación histórica en el mercado, comparando la situación del mercado durante el periodo en el que se produce la infracción con la situación en el mercado antes de la infracción, o después de que hayan cesado los efectos de la conducta anticompetitiva.
- Comparación con otros mercados geográficos y mercados de productos en los que no se haya producido la infracción.
- Método de diferencias en diferencias, en el que se compara la evolución de la variable económica objeto de estudio (por ejemplo, el precio) en el mercado afectado por la infracción durante un período de tiempo determinado con la evolución de la misma variable durante el mismo período en un mercado no afectado.

Una vez determinado el escenario contrafactual, la resolución propone utilizar distintos métodos para estimar la variable económica que serviría para calcular el daño, por ejemplo: media, mediana, interpolación lineal, análisis de regresión, modelos de simulación, métodos basados en costes y análisis financiero.

Asimismo, en la resolución se recomienda analizar otros elementos no relacionados con la conducta para determinar en qué medida podría explicarse el daño por factores ajenos a la infracción del derecho de la competencia. Algunos de los elementos no relacionados con la conducta y que podrían resultar relevantes a la hora de llevar a cabo esta evaluación son la regulación del mercado, los costes de los insumos y las perturbaciones externas del mercado, como la inflación.

Fuente: Pro-Competencia (2017[21]), Resolución núm. 021-2017, https://procompetencia.gob.do/wp-content/uploads/2020/02/res_021-1720que20aprueba20criterios20determinacion20y20cuantificacion20del20dano1.pdf.

La iniciativa de Pro-Competencia de aportar claridad a la valoración de los daños en los casos de competencia es bienvenida, pero no resuelve el principal problema relacionado con la escasa cuantía de las multas, en particular el reducido límite establecido para las multas máximas en el país (un máximo de unos EUR 900 000). Para ello sería necesario modificar la Ley de Competencia.

Las obligaciones que emanen de las prácticas colusorias sancionadas por Pro-Competencia serán nulas de pleno derecho[48]. Pro-Competencia no puede imponer sanciones no pecuniarias (por ejemplo, la inhabilitación del director y la exclusión del licitador), que son comunes en varias jurisdicciones y pueden constituir un poderoso mecanismo general de disuasión (OCDE, 2022[22]).

Los procedimientos de transacción también constituyen un importante mecanismo para la aplicación de la normativa, que suelen utilizarse para acortar el procedimiento de investigación (lo que ahorra costes a la administración pública) y/o reforzar una investigación determinada con pruebas más sólidas (por ejemplo, políticas relacionadas con la reducción de multas a cambio de colaboración). De hecho, muchos regímenes de competencia de todo el mundo ofrecen la posibilidad de poner fin anticipadamente a las investigaciones de competencia, lo que se conoce comúnmente como procedimientos de transacción y compromisos (normalmente el primero se aplica a los casos de cárteles y el segundo a los casos de abuso de posición dominante, por ejemplo, con el compromiso de permitir el acceso a una instalación esencial).

El Reglamento de Aplicación prevé un instrumento de resolución anticipada que reúne características tanto de los mecanismos de transacción como de los de compromiso[49], aunque este instrumento nunca se ha utilizado en la práctica: Pro-Competencia aún no ha recibido ninguna solicitud de transacción ni de compromiso. Se espera que esta situación cambie con la promulgación de dos reglamentos por parte de Pro-Competencia en 2021, que proporcionan un marco para los mecanismos relacionados con las transacciones y los compromisos[50].

Además de constituir una infracción administrativa que debe ser sancionada por Pro-Competencia (o por los organismos reguladores sectoriales con facultades de aplicación de las normas de competencia), la conducta de cártel constituye un delito penal en la República Dominicana, y se castiga con una multa y una pena de prisión de entre un mes y dos años, según el artículo 419 del Código Penal dominicano. Pro-Competencia carece de autoridad para aplicar el derecho penal, que corresponde a la fiscalía dominicana.

Programa de colaboración y reducción de multas

En junio de 2021, el Consejo Directivo adoptó una Resolución[51] por la que se establecía un «Programa de colaboración y reducción de multas». En ella se prevé la reducción de las sanciones a cambio de colaboración durante las investigaciones relacionadas con acuerdos colusorios, en particular cárteles.

El programa prevé un sistema de marcadores según el cual las empresas que lo soliciten antes obtendrán una mayor reducción de la multa que las que lo hagan después. El primer solicitante obtendrá una multa equivalente al nivel mínimo de multas establecido en la Ley de Competencia para el tipo de infracción correspondiente, mientras que el segundo solicitante y los siguientes obtendrán una reducción de entre el 50% y el 70%. Las condiciones generales para beneficiarse del «Programa de colaboración y reducción de multas» son las siguientes:

a) Reconocimiento de la participación en el acuerdo anticompetitivo.

b) Presentar pruebas relevantes y concluyentes para demostrar la existencia de un acuerdo anticompetitivo.
c) Presentar pruebas que aporten valor añadido al procedimiento de investigación, es decir, que la información sea nueva porque la Dirección Ejecutiva no ha tenido acceso a ella o nunca tendría acceso a ella a menos que se la proporcione el solicitante.
d) Presentar las pruebas antes del cierre de la fase de investigación.
e) Cooperación plena, continua y diligente durante la fase de investigación.
f) No se deben haber destruido, falsificado u ocultado pruebas del supuesto comportamiento anticompetitivo.
g) Mantener la confidencialidad de la solicitud hasta que el Consejo Directivo emita una decisión que ponga fin al procedimiento administrativo.
h) Poner fin a la conducta anticompetitiva, a menos que la autoridad de competencia solicite lo contrario.
i) No ser reincidente ni haberse beneficiado anteriormente del programa.
j) No haber obligado a otros miembros del cártel a formar parte de él ni haberlos amenazado.

En la Resolución también se establecen los trámites y plazos para la presentación y aceptación de dichas solicitudes. El programa se denomina a veces impropiamente «clemencia» en la República Dominicana, aunque no ofrece inmunidad a ninguna de las empresas beneficiarias, y no se encuentra establecido en la Ley de Competencia.

Una empresa que se acoja al programa puede perder la ventaja de la reducción de la multa en las siguientes situaciones: i) si refuta los hechos reconocidos; ii) si no cumple con la solicitud de la Dirección Ejecutiva de verificar o ratificar la información proporcionada o los hechos reconocidos; y/o iii) si destruye, altera u obstruye el acceso a información o pruebas.

Hasta el momento de redactar el presente documento, este programa nunca se ha utilizado en la práctica y estaba siendo revisado por Pro-Competencia.

Programa de compromisos de cese y desistimiento

Asimismo, en junio de 2021, Pro-Competencia dictó una Resolución[52] por la que se establecía el marco de un programa centrado en los compromisos de cese y desistimiento en el contexto de los procedimientos de terminación anticipada. En pocas palabras, el programa exige que las partes admitan su responsabilidad y se comprometan a cesar en la conducta investigada y que se cumplan los siguientes requisitos:

1. Deberán resolver de manera efectiva, clara e inequívoca los problemas de competencia que motivaron el inicio del procedimiento de instrucción.
2. Las medidas correctoras deben implementarse de manera rápida y efectiva.
3. La vigilancia del cumplimiento y de la efectividad de los compromisos debe ser viable y eficaz.
4. Los efectos probables de la conducta anticompetitiva imputada no deben haber causado un perjuicio grave al mercado ni al bienestar de los consumidores. A la hora de valorar los efectos probables de la conducta imputada, Pro-Competencia tendrá en cuenta, entre otros, el mercado afectado, la duración de la conducta imputada y el número de empresas o consumidores presuntamente afectados.

En la Resolución también se establecen los trámites y plazos para la presentación y aceptación de dichas solicitudes.

Las investigaciones podrán reanudarse si, durante el plazo de vigilancia de un año: i) se produce un cambio material en alguno de los hechos o datos que constituyeron elementos esenciales de la decisión;

ii) en caso de incumplimiento del compromiso; iii) si la decisión se basó en la entrega de informaciones falsas o alteradas. En caso de que Pro-Competencia reabra una investigación por infracción, las empresas podrían ser sancionadas de conformidad con las normas aplicables a los reincidentes si se demuestra la misma conducta que motivó la adopción de la decisión de terminación anticipada. Por otra parte, un operador económico puede solicitar una revisión de sus recursos al Consejo Directivo.

Hasta el momento de redactar el presente documento, este programa nunca se había utilizado en la práctica y estaba siendo revisado por Pro-Competencia.

2.5. Revisión judicial

Las decisiones de infracción que haya adoptado Pro-Competencia contra las prácticas anticompetitivas y de competencia desleal pueden ser revisadas por los tribunales administrativos. Las partes pueden recurrir las decisiones de Pro-Competencia ante el Tribunal Superior Administrativo (TSA). En el transcurso del procedimiento ante el TSA, el interés público está representado por el Procurador General Administrativo y Pro-Competencia actúa como parte demandada[53].

Las decisiones del Tribunal Superior Administrativo serán susceptibles del recurso de casación ante la Suprema Corte de Justicia, máximo órgano jurisdiccional de la República Dominicana[54].

En la fecha de redacción de este informe, el Tribunal Superior Administrativo había revisado las dos decisiones de infracción adoptadas por Pro-Competencia: la decisión sobre cárteles se confirmó, mientras que la decisión sobre abuso de posición dominante se anuló. En estas sentencias no se debaten cuestiones sustantivas de derecho de la competencia, sino que se centran en aspectos procedimentales. Ambos fallos han sido recurridos ante el Tribunal Supremo de Justicia, y aún se aguardan las decisiones definitivas.

Los magistrados dominicanos encargados de revisar las decisiones de infracción en materia de competencia poseen formación en derecho administrativo y constitucional pero no están especializados en derecho de la competencia. Algunos jueces recibieron formación sobre derecho de la competencia en 2008, cuando se adoptó formalmente la Ley de Competencia, pero desde entonces no han recibido más capacitación al respecto.

Uno de los criterios que se aplican a la hora de ascender a los jueces en la República Dominicana es el desarrollo de capacidades. La Escuela Nacional de la Judicatura (ENJ) ofrece formación especializada para jueces y otros funcionarios del sistema judicial nacional. Esta institución fomenta metodologías de aprendizaje nuevas e innovadoras y ofrece cursos presenciales y en línea a través de su plataforma virtual. Durante la misión de investigación, el Poder Judicial indicó que la Escuela Nacional de la Judicatura elige los temas para los cursos de formación basándose en encuestas realizadas entre los jueces, pero que también estaría abierta a propuestas de formación de otras entidades gubernamentales, como Pro-Competencia.

La revisión de las decisiones relativas a la aplicación de las normas de competencia requiere una buena comprensión del derecho de la competencia, incluidos sus conceptos jurídicos y principios económicos. En condiciones ideales, los jueces que revisan las decisiones en materia de competencia deben contar con experiencia y conocimientos especializados sobre la interpretación del derecho de la competencia para equilibrar dos de sus funciones principales, esto es, garantizar el debido proceso y aplicar, cuando proceda, principios económicos sustantivos en su razonamiento (OCDE, 2016[23]).

Según una encuesta de la Red Internacional de Competencia llevada a cabo durante 2013-2014 con 49 jurisdicciones, las actividades que han demostrado mayor éxito a la hora de ampliar los conocimientos de los órganos jurisdiccionales sobre cuestiones técnico-económicas son las actividades de capacitación a medida, como conferencias, seminarios, talleres y programas de formación (OCDE, 2015[24]).

Las organizaciones internacionales pueden desempeñar un papel fundamental a la hora de proporcionar, apoyar y facilitar iniciativas de creación de capacidad, por ejemplo, ofreciendo asistencia técnica, programas de formación, seminarios o reuniones de expertos, entre otros (OCDE, 2016[23]). En el Recuadro 2.7 se muestra un ejemplo de iniciativa de creación de capacidad dirigida a jueces organizada por la OCDE en la región.

Recuadro 2.7. Actividades de fomento de la capacidad dirigidas a los jueces organizadas por el Centro Regional de la OCDE para la Competencia

En julio de 2022, el Centro Regional de la OCDE para la Competencia en América Latina organizó un Taller sobre «Revisión Judicial de la Aplicación de las Leyes Antimonopolio». En el taller se analizó el papel central que desempeña el Poder Judicial en la política de competencia, en particular en relación con los casos de cárteles y abuso de posición dominante. Congregó a 332 participantes de 19 jurisdicciones de América Latina y el Caribe (entre ellas la República Dominicana), incluidos funcionarios y jueces de competencia.

Durante el taller, los expertos debatieron los siguientes temas: las inspecciones sorpresa; las medidas cautelares; el estándar de prueba y el uso de pruebas indirectas; la revisión judicial de multas y otras sanciones; y la función de la economía y los economistas. Por último, los jueces y tribunales compartieron con el público sus experiencias en el país.

Fuente: OCDE (2022[25]), Informe anual de actividades: Centro Regional para la Competencia en América Latina, https://www.oecd.org/daf/competition/oecd-rcc-lima-annual-report-2022-en.pdf.

2.6. Aplicación privada

Las prácticas anticompetitivas y de competencia desleal pueden originar distintos tipos de acciones civiles. Las reclamaciones civiles por daños y perjuicios son posibles tanto en el caso de las prácticas anticompetitivas como en el de la competencia desleal. Además de las reclamaciones por daños y perjuicios, las partes afectadas por prácticas de competencia desleal pueden interponer acciones civiles para solicitar medidas cautelares.

Por lo que respecta a los casos de conductas contrarias a la competencia, el artículo 63 de la Ley de Competencia dispone que tan solo podrán reclamar daños y perjuicios las empresas que hayan demostrado, durante el procedimiento administrativo, haber sufrido daños y perjuicios como consecuencia de la conducta contraria a la competencia. Por tanto, no podrán reclamar una indemnización por daños y perjuicios ante un juez civil ni los particulares ni las empresas que no hayan participado en el procedimiento administrativo o que, habiendo participado, no hayan demostrado ningún perjuicio derivado de la conducta investigada. En cuanto a los casos de competencia desleal, podrán interponer reclamaciones civiles por daños y perjuicios tanto los particulares como las entidades jurídicas que hayan sufrido daños y perjuicios.

Las demandas por daños a la competencia se rigen por el derecho civil y se interponen en virtud del principio de responsabilidad civil extracontractual (responsabilidad civil extracontractual), establecido en los artículos 1382 y siguientes del Código Civil de la República Dominicana.

En la Ley de Competencia no se menciona si la resolución firme de Pro-Competencia constituye una condición para interponer una acción por daños y perjuicios en casos de conductas anticompetitivas. Por lo tanto, en principio serían posibles tanto las acciones de seguimiento como las independientes. Sin embargo, no está claro cuál sería el valor probatorio de las resoluciones de Pro-Competencia en las acciones de seguimiento.

En los casos de competencia desleal que están siendo investigados por Pro-Competencia, solo es posible emprender acciones de seguimiento. Tal como se explica en la sección 3.2.2, las partes afectadas por prácticas de competencia desleal pueden optar por iniciar un procedimiento judicial interponiendo una demanda ante un tribunal o iniciar un procedimiento de investigación administrativa presentando una denuncia ante Pro-Competencia. En caso de que la parte opte por esta última alternativa, únicamente podrá reclamar daños y perjuicios cuando el asunto haya sido dirimido por la última instancia judicial.

Las demandas por daños y perjuicios relativas a prácticas de competencia desleal parecen ser las más extendidas en la República Dominicana, mientras que las demandas civiles derivadas de conductas contrarias a la competencia son poco utilizadas. De hecho, no se dispone de información sobre ningún caso de reclamación de daños y perjuicios en materia de competencia.

Conclusiones principales

A continuación se exponen las principales conclusiones sobre la aplicación de la ley de competencia en la República Dominicana:

- En el ámbito del control de las concentraciones, el organismo regulador de las telecomunicaciones analiza los efectos de las operaciones sobre la competencia, mientras que los sectores eléctrico y financiero se limitan a los aspectos reglamentarios. El resto de la economía no está sujeto al cumplimiento de las normas sobre control de las concentraciones.
- La aplicación de la normativa contra las prácticas anticompetitivas es incipiente. Mientras que Pro-Competencia solo ha sancionado dos casos de competencia (relativos a cárteles y abuso de posición dominante, respectivamente), los organismos reguladores sectoriales con facultades de aplicación de la ley de competencia únicamente han adoptado una decisión ejecutoria relacionada con la ley de competencia (en el sector de las telecomunicaciones). No se ha sancionado ningún caso de manipulación de las licitaciones y actualmente solamente hay dos casos en curso.
- En cuanto a las sanciones, las multas máximas que prevé la Ley de Competencia son muy bajas y se basan en salarios mínimos, por lo que no ejercen ningún efecto disuasorio sobre las empresas.
- No existe una política de clemencia para luchar contra los cárteles, no obstante Pro-Competencia ha adoptado un mecanismo interno que permite reducir las multas (pero no conceder inmunidad) a cambio de colaboración, con algunas similitudes con las políticas de clemencia. Pro-Competencia también ha introducido mecanismos de transacción y compromisos encaminados a una terminación anticipada de las investigaciones, pero nunca se han utilizado en la práctica.
- El plazo de prescripción de las investigaciones es de un año a partir de la terminación de la presunta práctica anticompetitiva, que parece muy breve en comparación con otras jurisdicciones.
- Las investigaciones también tienen un plazo de prescripción de 12 meses, que parece demasiado breve, especialmente en casos complejos. Además, el plazo límite de 12 meses únicamente puede suspenderse en circunstancias muy concretas.

Referencias

Connor, J. and R. Lande (2012), "Cartel as Rational Business Strategy: Crime Pays", *Cardozo Law Review*, Vol. 34/2, pp. 427-490. [19]

Ginsburg, D. and J. Wright (2010), "Antitrust Sanctions", *Competition Policy International*, Vol. 6/2, pp. 3-39. [18]

Hüschelrath, K. (2010), *How Are Cartels Detected? The Increasing Use of Proactive Methods to Establish Antitrust Infringements*, pp. 522-528. [10]

INDOTEL (2017), *Resolución n.º 056-17*, https://transparencia.indotel.gob.do/wp-content/uploads/2022/10/res-no-056-17.pdf. [5]

INDOTEL (2017), *Resolución n.º 077-17*, https://transparencia.indotel.gob.do/wp-content/uploads/2022/10/res-077-17-fusion-altice-recurso-de-reconsideracion-contra-la-056-17.pdf. [6]

OCDE (2023), *Competencia y deporte, Foro Latinoamericano y del Caribe de Competencia, Documento de base elaborado por la OCDE*, https://one.oecd.org/document/DAF/COMP/LACCF(2023)5/es/pdf. [11]

OCDE (2023), *OECD Services Trade Restrictiveness Index: Policy trends up to 2023*, OECD Publishing, https://www.oecd.org/trade/topics/services-trade/. [2]

OCDE (2022), *Fusiones de Medios, Foro Latinoamericano y Del Caribe de Competencia, Nota del Secretariado de la OCDE*, https://one.oecd.org/document/DAF/COMP/LACF(2022)18/es/pdf. [16]

OCDE (2022), *Data Screening Tools in Competition Investigations, OECD Competition Policy Roundtable Background Note*, https://www.oecd.org/daf/competition/data-screening-tools-in-competition-investigations-2022.pdf. [13]

OCDE (2022), *Director Disqualification and Bidder Exclusion in Competition Enforcement, OECD Competition Policy Roundtable Background Note*, https://www.oecd.org/daf/competition/director-disqualification-and-bidder-exclusion-in-competition-enforcement-2022.pdf. [22]

OCDE (2022), *Multi-dimensional Review of the Dominican Republic: Towards Greater Well-being for All*, OECD Development Pathways, OECD Publishing, Paris, https://doi.org/10.1787/560c12bf-en. [25]

OCDE (2021), *Global Merger Control: OECD Competition Trends, Volume II, OECD Publishing*, http://www.oecd.org/competition/oecd-competition-trends.htm. [1]

OCDE (2020), *OECD Review of the Corporate Governance of State-Owned Enterprises: Brazil*, http://www.oecd.org/corporate/soe-review-brazil.htm. [29]

OCDE (2020), *OECD Telecommunication and Broadcasting Review of Brazil 2020*, OECD Publishing, Paris, https://doi.org/10.1787/30ab8568-en. [28]

OCDE (2019), *Competition in Labour Markets, OECD Competition Policy Roundtable Background Note*, https://www.oecd.org/daf/competition/competition-concerns-in-labour-markets.htm. [20]

OCDE (2019), *Recommendation of the Council concerning Effective Action against Hard Core Cartels*, https://legalinstruments.oecd.org/en/instruments/OECD-LEGAL-0452. [12]

OCDE (2018), *OECD Review of the Corporate Governance of State-Owned Enterprises: Argentina*, https://www.oecd.org/daf/ca/Argentina-SOE-Review.pdf. [14]

OCDE (2017), *The Implementation of the Council Recommendation concerning Effective Action against Hard Core Cartels*, OECD Publishing, https://one.oecd.org/document/DAF/COMP/WP3(2017)2/en/pdf. [15]

OCDE (2016), *The resolution of competition cases by specialised and generalist courts: Stocktaking of international experiences*, OECD Publishing, https://www.oecd.org/daf/competition/The-resolution-of-competition-cases-by-Specialised-and-Generalist-Courts. [23]

OCDE (2015), *Summary Record: Annex to the Summary Record of the 123rd Meeting of the Competition Committee held on 15-19 June 2015. Key points of the Roundtables on Changes in Institutional Design*, OECD Publishing, https://one.oecd.org/document/DAF/COMP/M(2015)1/ANN9/FINAL/En/pdf. [24]

OCDE (2005), *Recommendation of the Council on Merger Review*, https://legalinstruments.oecd.org/en/instruments/OECD-LEGAL-0333. [4]

OCDE-BID (2018), *Exámenes Inter-pares de la OCDE y el BID sobre el Derecho y Política de Competencia: Perú 2018*, https://www.oecd.org/daf/competition/PERU-Peer-Reviews-of-Competition-Law-and-Policy-2018.pdf. [3]

Presidencia de la República Dominicana (2023), *Ministerio de Trabajo aclara salario mínimo es mayor que en seis países de Latinoamérica*, https://presidencia.gob.do/noticias/ministerio-de-trabajo-aclara-salario-minimo-es-mayor-que-en-seis-paises-de-latinoa. [17]

Pro-Competencia (2021), *Resolución n.º 008-2021*, https://procompetencia.gob.do/wp-content/uploads/2021/06/cd-008-2021-que-aprueba-rrs-por-colaboracioin.pdf. [27]

Pro-Competencia (2021), *Resolución n.º 010-2021*, https://procompetencia.gob.do/wp-content/uploads/2021/06/resolucion-num-010-2021-version-publica.pdf. [7]

Pro-Competencia (2021), *Resolución n.º 011-2021: Reglamento para el Sometimiento y Aprobación de Compromisos de Cese en el Marco de las Investigaciones por Violacion a la Ley General de Defensa de la Competencia*, https://procompetencia.gob.do/wp-content/uploads/2021/07/cd-011-2021-reglamento-compromiso-de-cese.pdf. [26]

Pro-Competencia (2020), *Recepción y tramitación de denuncias*, https://procompetencia.gob.do/servicios/recepcion-y-tramitacion-de-denuncias/. [9]

Pro-Competencia (2018), *Resolución n.º 018-2018*, https://procompetencia.gob.do/resoluciones-procompetencia/resolucion-num-018-2018. [8]

Pro-Competencia (2017), *Resolución n.º 021-2017*, https://procompetencia.gob.do/wp-content/uploads/2020/02/res_021-1720que20aprueba20criterios20determinacion20y20cuantificacion20del20dano1.pdf. [21]

Notas

[1] Artículo 12 del Reglamento de libre y leal competencia para el sector de la telecomunicaciones, adoptado mediante la Resolución núm. 022-05, https://www.indotel.gob.do/wp-content/uploads/2022/10/36-resolucion-no-022-05-actualizada-con-derogaciones-modf-078-19.pdf.

[2] Ibid.

[3] Artículo 14 del Reglamento de libre y leal competencia para el sector de la telecomunicaciones, adoptado mediante la Resolución núm. 022-05.

[4] Artículo 14.2 del Reglamento de libre y leal competencia para el sector de la telecomunicaciones, adoptado mediante la Resolución núm. 022-05.

[5] Ley General de Electricidad n.º 125-01, https://www.sie.gob.do/images/sie-documentos-pdf/leyes/LeyGeneraldeElecctricidadNo.125-01.pdf.

[6] Reglamento para la Aplicación de la Ley General de Electrici (Pro-Competencia, 2021[7])dad, n.º 125-01 aprobado mediante Decreto n.º 555-02 https://www.cne.gob.do/wp-content/uploads/2015/05/Reglamento.Ley_.No_.125-01.pdf.

[7] Artículo 11 de la Ley General de Electricidad y artículo 10 de su Reglamento de Aplicación.

[8] Ibid.

[9] Resolución de la Superintendencia de Electricidad núm. 60-2003, del 5 de septiembre de 2003.

[10] Artículo 35 de la Ley n.º 183-02 de República Dominicana por la que se establece el marco regulatorio del sistema monetario y financiero (la «Ley Monetaria y Financiera»).

[11] Resolución núm. 010-2021, de 14 de junio de 2021 (Pro-Competencia, 2021[7]).

[12] Artículo 7, párrafo I, de la Ley de Competencia.

[13] Resolución núm. 010-2021, de 14 de junio de 2021.

[14] Este es el caso de México y El Salvador, por ejemplo (OCDE, 2020[28]; OCDE, 2020[29]).

[15] Artículo 7, apartado 2, de la Ley de Competencia.

[16] Este es el caso de México y El Salvador, por ejemplo (OCDE, 2020[28]; OCDE, 2020[29]).

[17] Artículo 9 de la Ley de Competencia.

[18] Artículo 39 de la Ley de Competencia.

[19] Según el artículo 27 del Reglamento de Aplicación, la información confidencial incluye información sensible de valor comercial o industrial.

[20] Artículo 41 de la Ley de Competencia y artículo 25 de su Reglamento de Aplicación.

[21] Artículos 56 y 57 de la Ley de Competencia.

[22] Artículo 56 de la Ley de Competencia.

[23] Artículo 57 de la Ley de Competencia.

[24] Artículo 38 del Reglamento de Aplicación.

[25] Artículo 19 del Reglamento de Aplicación.

[26] Artículo 37 de la Ley de Competencia.

[27] Artículo 40 de la Ley de Competencia.

[28] Hasta la fecha, Pro-Competencia ha iniciado 8 investigaciones de oficio en contra de prácticas anticompetitivas, incluyendo los dos casos que han culminado en sanciones. Además, Pro-Competencia ha iniciado una investigación de oficio por la presentación de información falsa, que también dio lugar a una sanción.

[29] En el momento de redactarse el presente informe, Pro-Competencia estaba elaborando directrices sobre técnicas para la detección de cárteles, que probablemente ayudarán a la autoridad a realizar más investigaciones de oficio.

[30] Se trata de la Resolución núm. 008-2021 para el establecimiento de un «Régimen de Reducción de Sanciones por Colaboración en el Marco del Procedimiento de Investigación de Prácticas Concertadas y/o Acuerdos Anticompetitivos (cárteles)» (Pro-Competencia, 2021[27]).

[31] Artículo 31 de la Ley de Competencia.

[32] Véanse el artículo 69 de la Constitución dominicana y los artículos 39 y 42 de la Ley de Competencia.

[33] Artículo 42 de la Ley de Competencia.

[34] Artículos 42 y 64 de la Ley de Competencia.

[35] Artículo 42 de la Ley de Competencia y artículo 34 de su Reglamento de Aplicación.

[36] Artículo 40 del Reglamento de Aplicación.

[37] Artículo 61, letra d), de la Ley de Competencia.

[38] Artículo 64 de la Ley de Competencia.

[39] Artículo 31, letra g), de la Ley de Competencia.

[40] Resolución núm. DE-004-2023 de 5 de abril de 2023, https://procompetencia.gob.do/wp-content/uploads/2023/04/de-004-2023-firmada-y-sellada-vp.pdf. La parte investigada ha recurrido ante el Tribunal Superior Administrativo, que todavía no se había pronunciado en el momento de redactar el presente informe.

[41] Artículo 31, letra f), de la Ley de Competencia.

[42] Cabe señalar que a tenor del artículo 33, letra f), de la Ley de Competencia, las solicitudes de medidas cautelares deben ser resueltas por el tribunal competente en un plazo de 48 horas.

[43] Artículo 36 del Reglamento de Aplicación.

[44] Según el Artículo 60, párrafo I, de la Ley de Competencia, las personas físicas que hayan participado en prácticas anticompetitivas, ya sea directamente, como cómplices o encubridores, personalmente o como empleados, o actuando en representación de una persona jurídica, serán sancionadas de conformidad con el Código Procesal Penal de la República Dominicana. En la práctica, sin embargo, ningún ciudadano ha sido sancionado por Pro-Competencia hasta la fecha.

[45] Artículo 61 de la Ley de Competencia.

[46] Artículo 62 de la Ley de Competencia.

[47] Resolución núm. 021-2017 (Pro-Competencia, 2017[21]).

[48] Artículo 61, párrafo V, de la Ley de Competencia.

[49] Artículo 21, apartado II, del Reglamento de Aplicación.

[50] En concreto, la Resolución núm. 08-2011 y la Resolución núm. 011-2021

[51] Resolución núm. 008-2021 (Pro-Competencia, 2021[27]).

[52] Resolución núm. 011-2021 (Pro-Competencia, 2021[26]).

[53] Artículos 51 y 54 de la Ley de Competencia.

[54] Artículo 54 de la Ley de Competencia.

3 Defensa de la competencia y cooperación institucional

En la presente sección se analizará el modo en que Pro-Competencia fomenta la competencia en la República Dominicana, así como su cooperación institucional con los organismos reguladores sectoriales nacionales y las autoridades de competencia de otras jurisdicciones.

3.1. Abogacía de la competencia

No basta con una autoridad de competencia fuerte y una ley general de competencia para permitir que la economía y los consumidores cosechen los beneficios de un entorno competitivo. De hecho, además de una aplicación efectiva de la normativa de competencia, es necesario establecer una cultura de la competencia, no solo entre las empresas, sino también entre los tribunales, los políticos y las autoridades gubernamentales, como los organismos reguladores sectoriales. En otras palabras, para que funcione correctamente, la competencia necesita el apoyo del entorno político y unas condiciones marco adecuadas (OCDE, 2013[1]).

El fomento de la competencia es especialmente importante en los países en desarrollo, donde el derecho y las políticas de competencia suelen ser incipientes y las políticas y normativas públicas se someten a profundas revisiones. En este contexto, el papel que desempeñan las autoridades de competencia es de suma importancia para garantizar que la revisión de las normativas tenga en cuenta los principios de la competencia.

La defensa de la competencia es una herramienta poderosa para construir una cultura de la competencia. Entre las atribuciones en materia de defensa de la competencia de Pro-Competencia se incluye la promoción de la adopción de normativas y medidas de apoyo estatales que no restrinjan indebidamente la competencia. Además, Pro-Competencia puede fomentar la competencia sensibilizando a otras entidades gubernamentales, a los agentes económicos y a la población dominicana sobre la importancia de la libre competencia[1].

Pro-Competencia dispone de múltiples herramientas para ejercer sus atribuciones en materia de defensa de la competencia. Por ejemplo, puede llevar a cabo estudios de mercado; emitir informes de recomendación no vinculantes y dictámenes motivados no vinculantes; elaborar directrices; y llevar a cabo actividades de formación y divulgación. Conforme a lo descrito en la sección 1.4.1, la Dirección de Promoción y Abogacía de la Competencia se encarga de elaborar dictámenes e informes no vinculantes, organizar eventos de divulgación y elaborar directrices, mientras que el Departamento de Estudios Económicos y de Mercados se encarga de llevar a cabo estudios de mercado.

Si bien Pro-Competencia ha adoptado varias iniciativas de promoción entre 2017 y 2022, aún se percibe una falta de cultura de competencia en el país, incluidas las empresas.

3.1.1. Informes y dictámenes

Pro-Competencia puede emitir informes públicos de recomendación no vinculantes relacionados con:

a) Actos jurídicos (leyes, reglamentos, ordenanzas, normas, resoluciones y otros instrumentos jurídicos) que falseen la competencia[2].
b) Medidas estatales de concesión de subvenciones, ayudas o incentivos a empresas públicas y privadas que puedan crear barreras de entrada al mercado o conferir ventajas competitivas desleales[3].
c) Procedimientos administrativos onerosos que obstaculizan la competencia entre empresas y su derecho a establecerse[4].

Además, Pro-Competencia puede adoptar dictámenes motivados públicos no vinculantes en relación con los actos que adopten los organismos reguladores sectoriales dirigidos a regular los mercados o a adoptar decisiones de infracción en materia de competencia[5].

Las actuaciones con fines de defensa de la competencia de Pro-Competencia pueden iniciarse de oficio, por una denuncia o por la obligación de los organismos reguladores sectoriales de notificar a la autoridad de competencia las nuevas regulaciones o decisiones sancionadoras. Pro-Competencia supervisa de forma periódica las actividades del Gobierno y del Parlamento. Por ejemplo, Pro-Competencia ha analizado el desarrollo de nuevos proyectos de ley, reglamentos, procedimientos administrativos y medidas de apoyo estatal y estudia sus posibles efectos sobre la competencia aplicando la Lista de Verificación de Competencia de la Herramientas para la Evaluación de la Competencia de la OCDE (OCDE, 2019[2]).

Durante el examen y la evaluación de un acto jurídico, una medida de apoyo estatal o un procedimiento administrativo, Pro-Competencia puede solicitar la información necesaria a las entidades gubernamentales. Según el artículo 13 del Reglamento de Aplicación, estas entidades están obligadas a presentar la información en un plazo de 30 días laborables a partir de la recepción de la solicitud. Sin embargo, no se prevén sanciones en caso de negativa a responder o en caso de respuesta fuera de plazo.

Las recomendaciones de los informes o dictámenes sobre actividades de defensa no son vinculantes. Sin embargo, si la autoridad a la que van dirigidas las recomendaciones relacionadas con medidas de apoyo o actos jurídicos estatales decide no seguirlas, deberá indicar a Pro-Competencia por escrito en un plazo de 30 días laborables qué recomendaciones no cumplirá y las razones para no hacerlo[6]. Lo mismo se aplica a los dictámenes emitidos a los reguladores sectoriales en relación con sus actuaciones en el ámbito de la aplicación de las normas de competencia[7], aunque en la práctica esto no suele ocurrir. Además, los organismos reguladores sectoriales con potestad para velar por el cumplimiento de la normativa de competencia no siempre consultan a Pro-Competencia, a pesar de la obligación prevista en el artículo 20 de la Ley de Competencia.

Desde 2017, Pro-Competencia ha emitido 39 informes y dictámenes sobre actividades de defensa en diferentes sectores (por ejemplo, telecomunicaciones, transporte terrestre, alimentación y bebidas, sanidad), así como sobre otros temas, como la contratación pública y la simplificación de los procedimientos administrativos. La definición de los ámbitos prioritarios y el seguimiento de la aplicación de estas iniciativas de promoción no parecen llevarse a cabo de forma coherente, lo que redundaría en beneficio de los esfuerzos generales de promoción desarrollados por Pro-Competencia.

3.1.2. Estudios de mercado

En la República Dominicana, los estudios de mercado se centran en las condiciones de competencia de mercados específicos y proponen medidas encaminadas a mejorar la competencia en dichos mercados (mientras que los informes y dictámenes de Pro-Competencia suelen centrarse en normas y reglamentos más específicos que pueden tener efectos anticompetitivos).

En virtud de las letras d) y f) del artículo 33 de la Ley de Competencia, la Dirección Ejecutiva de Pro-Competencia está facultada para realizar estudios de mercado dirigidos a analizar el nivel y las condiciones de la competencia en la República Dominicana. El Consejo Directivo decide de manera conjunta con la Dirección Ejecutiva qué mercados y sectores serán objeto de un estudio de mercado sobre la base de 10 criterios definidos por el Departamento de Estudios Económicos y de Mercados, entre los que se incluyen la clasificación del mercado según el Observatorio de las Condiciones de Competencia en el Mercado (véase más adelante), una evaluación preliminar del mercado y la disponibilidad de información, la relevancia del mercado seleccionado, la existencia de barreras de entrada y el impacto sobre los consumidores. Los estudios de mercado son elaborados por el Departamento de Estudios Económicos y de Mercados.

En los estudios de mercado deben figurar las características de los mercados, incluidas las principales variables que determinan la demanda y la oferta, los sustitutos de los bienes o servicios, las principales empresas presentes en la cadena de suministro y las condiciones de competencia, preservando al mismo tiempo los aspectos de confidencialidad y evitando la individualización específica de los agentes y conductas del mercado. Además, en los estudios de mercado se deben evaluar las políticas públicas y la regulación específica del sector, se deben identificar las barreras de entrada y se deben presentar las conclusiones y recomendaciones. Los estudios de mercado se hacen públicos excepto en el caso de que Pro-Competencia haya recibido una denuncia o iniciado una investigación contra una empresa presente en el mercado de que se trate[8].

Ni la Ley de Competencia ni el Reglamento de Aplicación prevén un proceso y una metodología para llevar a cabo estudios de mercado[9]. Prácticamente todas las autoridades de competencia de las jurisdicciones de la OCDE realizan algún tipo de estudio de mercado, desde evaluaciones breves e informales hasta análisis largos y formales que conllevan múltiples rondas de aportaciones de las partes interesadas y análisis empíricos. La mayoría de ellas han definido una metodología y un proceso para llevar a cabo los estudios de mercado (OCDE, 2018[3]). La OCDE y la Red Internacional de Competencia han publicado un manual y una guía de buenas prácticas sobre la recopilación y evaluación de la información relativa a los estudios de mercado (recuadro 10).

Recuadro 3.1. La Guía de Estudios de Mercado para Autoridades de Competencia de la OCDE y la Red Internacional de Competencia

La OCDE publicó en 2018 una Guía de Estudios de Mercado para Autoridades de Competencia. Esta guía debe leerse junto con el Manual de Buenas Prácticas para la elaboración de Estudios de mercado elaborado por la Red Internacional de Competencia, basado en la experiencia de las autoridades miembros de la red.

Esta guía de la OCDE se estructura en torno a las principales fases de los estudios de mercado: la elección del mercado o sector, las metodologías para llevar a cabo los estudios, incluidas la participación de las partes interesadas, las encuestas, la recopilación y el análisis de la información, la identificación de las estructuras de mercado y sus características, y las soluciones e iniciativas que podrían ponerse en marcha como resultado de dichos estudios.

En el Manual de la Red Internacional de Competencia se ofrecen detalles adicionales y una amplia gama de orientaciones útiles, por ejemplo para:

- Planificar el proceso de recopilación de información, en particular las consultas internas, determinar si las autoridades ya disponen de la información necesaria o si pueden obtenerla de fuentes públicas, y tener en cuenta la carga que supone para las partes interesadas responder a las solicitudes de datos.
- Organizar la investigación, teniendo en cuenta las limitaciones financieras y estudiando alternativas si los esfuerzos iniciales resultan infructuosos. En el manual se reconoce que a las autoridades de competencia les puede resultar difícil determinar las vías de investigación más prometedoras al principio del estudio, por lo que es posible que tengan que reorientar sus esfuerzos.
- Elegir los métodos de recopilación de información, teniendo en cuenta que las pruebas empíricas pueden tener más peso que las pruebas más cualitativas. En el manual se destacan las ventajas e inconvenientes de determinados métodos de recogida, como la selección de grupos específicos y las encuestas.
- Analizar la información, por ejemplo, para saber si responde a las necesidades de las autoridades y confirma las hipótesis iniciales. Algunas autoridades consideran útil publicar las constataciones iniciales y/o las posibles conclusiones, ya que esto les ayuda a validar sus hallazgos, sacar a la luz nueva información e identificar posibles lagunas en el análisis.
- Garantizar la confidencialidad de la información por medio de procedimientos de tratamiento de la información.

Fuente: Reproducido del OCDE (2022[4]), «OECD Peer Reviews of Competition Law and Policy: Tunisia» (Examen Inter-Pares de la OCDE sobre el Derecho y Política de Competencia en Túnez), https://www.oecd.org/daf/competition/oecd-peer-reviews-of-competition-law-and-policy-tunisia-2022.pdf.

Desde 2016, Pro-Competencia ha realizado ocho estudios de mercado sobre los siguientes sectores y mercados: i) mercado de los medicamentos (Pro-Competencia, 2016[5]); ii) mercado de la cerveza (Pro-Competencia, 2016[6]); iii) mercado de los seguros (Pro-Competencia, 2016[7]); iv) mercado del pan (Pro-Competencia, 2017[8]); v) mercado del transporte terrestre (Pro-Competencia, 2017[9]); vi) mercado de la gestión de fondos de pensiones (Pro-Competencia, 2020[10]); vii) procesos de adjudicación y contratación pública (Pro-Competencia, 2021[11]); viii) medidas estatales de apoyo (Pro-Competencia, 2022[12]). Al menos uno de dichos estudios ha desembocado en una investigación formal y una sanción por infracción anticompetitiva por parte de Pro-Competencia (el estudio de mercado de la cerveza).

Como se muestra en la Figura 3.1 a continuación, el número de estudios de mercado en el ámbito de la defensa de la competencia realizados por Pro-Competencia en 2016 fue superior a la media de la OCDE y a la media de los estudios de mercado llevados a cabo en jurisdicciones con un PIB per cápita similar al de la República Dominicana. Sin embargo, el número de estudios de mercado publicados por Pro-Competencia se redujo entre 2017 y 2021, situándose por debajo de la media en la OCDE, América Latina y el Caribe, países no pertenecientes a la OCDE y países con un PIB per cápita similar[10]. Uno de los motivos para ello puede ser la escasez de recursos (tanto materiales como humanos) de Pro-Competencia y, por ende, del Departamento de Estudios Económicos y de Mercados (véase la sección 1.4.4).

Figura 3.1. Comparación del número de estudios de mercado en el ámbito de la defensa de la competencia

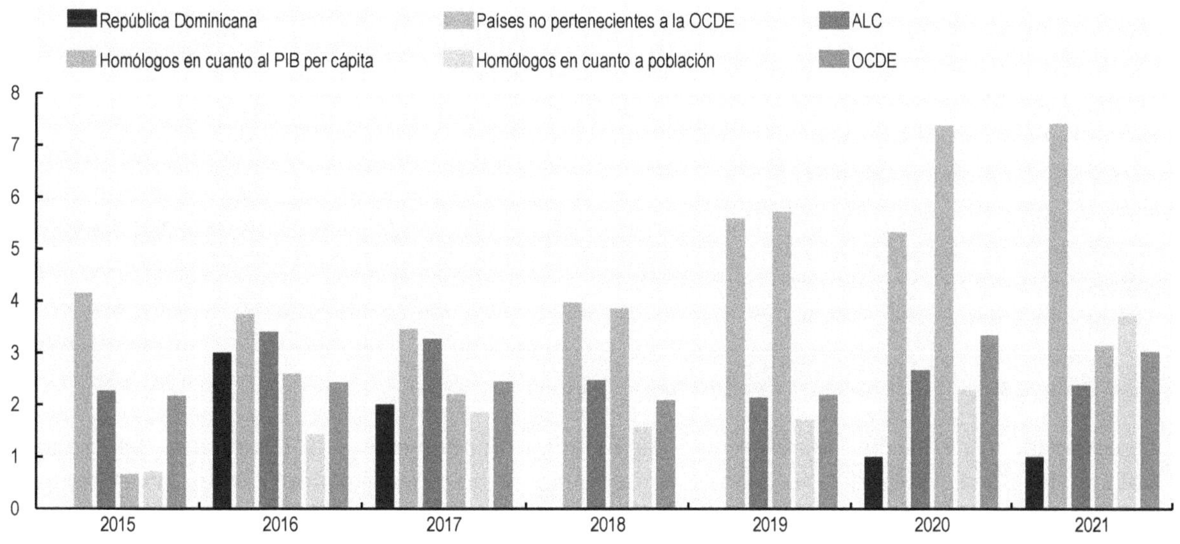

Nota: Base de datos (2023[13]) CompStats (estadísticas de competencia) de la OCDE. https://www.oecd.org/competition/oecd-competition-trends.htm.

En el Recuadro 3.2 se ofrece un ejemplo de un estudio de mercado en el que, a falta de un sistema de control de las concentraciones, Pro-Competencia utilizó sus atribuciones en materia de defensa de la competencia para analizar los efectos sobre la competencia de una concentración en la República Dominicana.

Recuadro 3.2. Estudio de mercado en el mercado de la cerveza de la República Dominicana, 2016

En 2016, Pro-Competencia llevó a cabo un estudio de mercado con el fin de analizar los posibles efectos sobre la competencia de la concentración en 2012 entre CND y AmBev, las dos principales cerveceras del país. La operación suponía la adquisición del 51% de las acciones de CND por parte de AmBev, con lo que se creaba una única empresa de bebidas en la región del Caribe.

Según Pro-Competencia, la transacción suprimía a la empresa disidente (AmBev), que desde 2004 había aumentado el grado de competencia en el mercado cervecero dominicano al bajar los precios y ofrecer una mayor diversidad de marcas de cerveza.

En el estudio de mercado también se describió la metodología necesaria para definir el mercado relevante en un análisis de competencia, aplicando el test del monopolista hipotético. Se aplicaron métodos econométricos para cuantificar el grado de flexibilidad de la demanda de cerveza con respecto al precio.

Según las conclusiones del estudio de mercado, en el mercado de la cerveza existía un alto grado de concentración que se había visto exacerbado por la concentración. El estudio muestra que después de la concentración aumentaron los precios de la cerveza, lo que afectó negativamente al bienestar de los consumidores. Además, se indica que la integración horizontal ha permitido a la entidad fusionada aumentar sus márgenes de beneficio y su rentabilidad sobre los fondos propios y los activos totales.

En el estudio de mercado también se detectaron posibles prácticas contrarias a la competencia en los mercados de la cerveza y el ron, como acuerdos de exclusividad y vinculación. Parte de estas prácticas fueron investigadas y sancionadas por Pro-Competencia en 2019 (véase el recuadro 5).

Las medidas recomendadas por el estudio de mercado fueron similares a las adoptadas por otras autoridades de competencia en el contexto de los procedimientos de control de concentraciones, como la transferencia de marcas; la desinversión de plantas de producción u otros activos; la obligación de que la entidad fusionada conceda acceso a su red de distribución durante un periodo de tiempo; o la prohibición de las prácticas de vinculación.

Fuente: Pro-Competencia (2016[6]), Estudio de Competencia en el Mercado de cervezas de la República Dominicana, https://procompetencia.gob.do/wpfd_file/estudios-de-condiciones-de-competencia-en-el-mercado-de-cervezas-de-la-republica-dominicana/.

Observatorio de Condiciones de Mercado

Pro-Competencia, a través del Departamento de Estudios Económicos y de Mercados, ha creado el Observatorio de Condiciones de Mercado, una herramienta que permite analizar las condiciones de mercado en una amplia gama de mercados de la economía dominicana (Pro-Competencia, 2022[14]). Gracias a esta herramienta, Pro-Competencia puede detectar mejor cuáles son los mercados que merecen un seguimiento más estrecho y, eventualmente, un estudio de mercado exhaustivo.

El Observatorio supervisa las condiciones de mercado de diferentes sectores de la economía sobre la base de 6 criterios (véase el Cuadro 3.1).

Cuadro 3.1. Criterios para el análisis de las condiciones del mercado

Criterios	Definición
Criterio 1: Precios de Bienes de la Canasta Familiar	Productos de la cesta de la compra familiar que han registrado una inflación atípica durante el período en comparación con las tendencias históricas.
Criterio 2: Crecimiento Económico	Sectores económicos que ejercen un alto impacto en el crecimiento del Producto Interno Bruto (PIB) del país.
Criterio 3: Características y Dinámica del Mercado	Características del mercado que favorecen los comportamientos anticompetitivos, como, por ejemplo, una elevada concentración y la ausencia de información disponible sobre el funcionamiento de los mercados que genera incertidumbre en cuanto a la existencia de presión competitiva.
Criterio 4: Insumos Intermedios Esenciales	Actividades económicas que funcionan como bienes o servicios intermedios que se consideran esenciales para poder operar en otros mercados.
Criterio 5: Regulaciones de Interés	Disposiciones reglamentarias que podrían incidir en las condiciones de competencia en los mercados.
Criterio 6: Inquietudes de la Sociedad	Inquietudes u opiniones expresadas por la sociedad sobre las condiciones de competencia en los mercados.

Fuente: OCDE a partir de Pro-Competencia (2022[14]), Observatorio de Condiciones de Mercado, https://procompetencia.gob.do/observatorio-de-condiciones-de-mercado/.

Este análisis permite a Pro-Competencia detectar los riesgos para la competencia y determinar cuáles son los mercados prioritarios, ya sea por su estructura o por el comportamiento de los agentes económicos que intervienen en ellos. A continuación, los mercados se clasifican por colores:

a) En color rojo se incluyen los mercados que cumplen dos o más de los criterios evaluados. También se incluyen los mercados en los que Pro-Competencia ha abierto una investigación o en los que está a punto de adoptar una decisión de infracción de la competencia.
b) En color amarillo se incluyen los mercados que cumplen uno de los criterios evaluados (excepto el criterio 3) y que también aparecieron en el proceso de selección anterior.
c) En color verde se incluyen los mercados que cumplen uno de los criterios evaluados que no aparecieron en el proceso de selección anterior y/o el criterio 3.

Esta clasificación permite a Pro-Competencia concentrar sus recursos en la vigilancia de los mercados más propensos a las restricciones de la competencia, es decir, los mercados que el Observatorio ha clasificado como rojos o naranjas.

Pro-Competencia publica un informe semestral con los resultados del Observatorio. En el informe de julio-diciembre de 2022 se detectó que los siguientes mercados se encontraban en nivel de alerta roja: pan, pan de agua, malta, galletas de harina, galletas dulces, servicios de seguros médicos, elaboración de cerveza, bebidas malteadas y de malta, fabricación de productos siderúrgicos (Pro-Competencia, 2022[14]).

3.1.3. Directrices

La publicación de directrices en materia de derecho de la competencia es una práctica común en todo el mundo, que tiene por objeto explicar de antemano y de manera transparente la política y el enfoque de la autoridad de competencia en relación con las distintas disposiciones de su derecho de la competencia, tanto en lo que se refiere a los aspectos sustantivos como a los de procedimiento. El propósito de las directrices en materia de derecho de la competencia suele ser explicar la ley en un lenguaje más sencillo; indicar cómo se propone interpretar la autoridad de competencia las disposiciones legislativas; remitir a cualquier jurisprudencia o decisión anterior pertinente, que ayude a la autoridad de la competencia en su interpretación; y proporcionar ejemplos de casos o hipotéticos.

Las directrices son una herramienta poderosa para crear una cultura de la competencia, sobre todo en las jurisdicciones en desarrollo, donde la cultura de la competencia aún está emergiendo y las autoridades de competencia con frecuencia son nuevas, carecen de experiencia y cuentan con recursos limitados. Las directrices pueden ayudar a aumentar la concienciación de las empresas y del público con respecto a la ley de competencia, lo que probablemente fomente el cumplimiento de la competencia y la aplicación de la ley de competencia. También pueden contribuir a aumentar la seguridad jurídica y la transparencia para las empresas, el Estado y la sociedad. Además, aunque las directrices no sean vinculantes, pueden ofrecer criterios orientativos y ayudar a que las autoridades de competencia establezcan un enfoque uniforme en la aplicación del derecho de la competencia. Por último, pueden ayudar a los tribunales a la hora de analizar casos relacionados con el derecho de la competencia, especialmente en jurisdicciones en las que la normativa de competencia es nueva.

Hasta el momento, Pro-Competencia ha adoptado 4 directrices públicas sobre cuestiones sustantivas, en tanto que no se han formulado directrices sobre cuestiones de procedimiento. Las directrices sustantivas son:

a) **Guía para la prevención y detección de la colusión en la contratación pública:** este documento contiene directrices sobre cómo prevenir y detectar acuerdos colusorios en la contratación pública. Se trata de una herramienta útil para los funcionarios públicos y las entidades que participan en la contratación pública. Ofrece indicaciones sobre cómo diseñar la contratación pública para evitar prácticas colusorias y cómo detectar los patrones colusorios más comunes (Pro-Competencia, 2020[10]).

b) **Guía básica sobre libre competencia para empresas y asociaciones comerciales:** en esta guía se explican los principios básicos de la aplicación de las normas sobre libre competencia en la República Dominicana. También ofrece ejemplos de actividades o iniciativas de asociaciones comerciales que podrían constituir conductas anticompetitivas y da indicaciones sobre el modo en que las asociaciones comerciales pueden contribuir a prevenir las infracciones de la normativa de competencia y luchar contra ellas (Pro-Competencia, 2016[6]).

c) **Directrices generales sobre programas de cumplimiento de la normativa de competencia:** en este documento se explican las ventajas y la importancia de contar con un programa eficaz para el cumplimiento de las normas de competencia. También describe el contenido mínimo que deben incluir estos programas y ofrece una explicación detallada sobre cómo llevar a cabo una evaluación de riesgos en materia de competencia (Pro-Competencia, 2021[15]).

d) **Guía básica sobre la Ley de Competencia:** esta guía tiene por objeto proporcionar una visión general de cuáles son las potestades de Pro-Competencia en lo que respecta a la aplicación y defensa de la normativa de competencia. En ella se explican las prácticas prohibidas, los procedimientos de aplicación, las iniciativas de defensa de la competencia y las diferentes herramientas a disposición de los particulares y las empresas que deseen presentar una denuncia o ponerse en contacto con la autoridad de competencia con fines de defensa de la competencia (Pro-Competencia, 2016[6]).

Además, en el momento en que se redactó este documento, Pro-Competencia estaba actualizando una serie de directrices que elaboró en 2015 y una publicación periódica de estas directrices en el sitio web de Pro-Competencia redundaría en beneficio de la defensa de la competencia y de la sensibilización general. Entre los temas tratados figuran los siguientes:

a) El mercado relevante y la determinación de una posición dominante.
b) Prácticas concertadas y acuerdos anticompetitivos.
c) Abuso de posición dominante.
d) Competencia desleal.
e) Revisión de los actos jurídicos estatales.
f) Tratamiento de las medidas de apoyo estatales.
g) Estudios e informes sobre las condiciones de competencia en los mercados.
h) Criterios para el establecimiento de sanciones.
i) Directrices relativas a la Ley de Competencia dirigidas al Congreso Nacional y a las entidades de la Administración Pública.

3.1.4. Actividades de fomento de la capacidad y divulgación

Pro-Competencia ha organizado talleres de capacitación en cooperación con la Agencia de los Estados Unidos para el Desarrollo Internacional

(USAID) y el Commercial Law Development Program (CLDP), con el fin de ofrecer oportunidades de formación a funcionarios de la autoridad de competencia y otros organismos gubernamentales. Estos talleres se centraron principalmente en la lucha contra la manipulación de las licitaciones, y la Dirección General de Compras Públicas (DGCP) participó en la mayoría de ellos. Entre ellos cabe citar:

a) Taller sobre cárteles dirigido al personal de Pro-Competencia y la DGCP, impartido durante los días 26-28 de abril de 2022 y 4 de mayo de 2022 por personal del Departamento de Justicia de los Estados Unidos.

b) Taller sobre técnicas de investigación de cárteles dirigido al personal de Pro-Competencia y la DGCP, impartido el 4 de agosto de 2022 por personal del CLDP y del Departamento de Justicia de los Estados Unidos.
c) Talleres sobre detección y disuasión de la colusión en la contratación pública dirigidos al personal que trabaja en las dependencias de contratación de diferentes autoridades gubernamentales, impartidos los días 10 y 11 de agosto de 2022 por personal del CLDP y del Departamento de Justicia de los Estados Unidos.

Pro-Competencia también ha estado participando activamente en el Centro Regional de la OCDE para la Competencia en América Latina[11], ubicado en Lima, que ha impartido varias actividades de capacitación en los últimos años de las que se beneficiaron 15 funcionarios públicos de República Dominicana en 2022, 6 en 2021 y 10 en 2020.

Además, Pro-Competencia ha organizado actos de divulgación *ad hoc*, sin una estrategia subyacente. Estos actos se centran en promover la cultura de la competencia entre el público en general, como universidades, micro, pequeñas y medianas empresas, asociaciones comerciales y periodistas. En el Cuadro 3.2 a continuación se resumen estos actos de divulgación organizados por Pro-Competencia durante 2018-2022. Por ejemplo, 1 018 personas participaron en los 22 eventos organizados en 2022.

Cuadro 3.2. Iniciativas de difusión de Pro-Competencia durante el período 2018-2021

Año	Número total de actos de divulgación organizados por Pro-Competencia
2018	18
2019	10
2020	9
2021	18
2022	22

Fuente: Pro-Competencia.

Pro-Competencia también es muy activa en los medios de comunicación y las redes sociales[12]. Por ejemplo, organiza periódicamente campañas de sensibilización sobre la competencia a través de estos medios, entre las que destacan las campañas «*El ABC de la competencia: Intercambio de conceptos para entender mejor la Ley 42-08*», «*Valores que compiten: compartir los valores cívicos y los de nuestra institución para fomentar la competencia leal*» y «*La libre competencia nos beneficia a todos: campaña para promover los beneficios de la competencia en la sociedad*».

Además, Pro-Competencia está llevando a cabo un concurso de ensayos dirigido a estudiantes de grado, con el objetivo de promover la competencia entre las universidades (Pro-Competencia, 2023[16]). También ha puesto en marcha recientemente una iniciativa llamada «Diálogos sobre Competencia», que brinda un foro de debate sobre cuestiones relacionadas con el derecho de la competencia (Pro-Competencia, 2023[17]), y publicará el primer Anuario Dominicano de la Libre y Leal Competencia en octubre de 2023.

La comunicación puede ser una herramienta eficaz a la hora de forjar la reputación de las autoridades, ayudándolas a establecerse como instituciones creíbles y dignas de confianza, comprometidas con la consecución de sus objetivos. Además, sirve para educar a las empresas y a los consumidores sobre el derecho de la competencia y sus implicaciones. Es posible que muchas empresas no conozcan las leyes de competencia y no comprendan del todo sus requisitos. Del mismo modo, puede que los consumidores no sean capaces de identificar las prácticas contrarias a la competencia. Las autoridades pueden ayudar a las empresas y a los consumidores a comprender la importancia de la competencia y los riesgos de las prácticas anticompetitivas por medio de una comunicación eficaz (OCDE, 2023[18]).

Un punto de partida para promover la cultura de la competencia es identificar el nivel de concienciación que las empresas, los profesionales, los funcionarios y los ciudadanos tienen con respecto a la ley de competencia. De esta forma, la autoridad en materia de competencia puede adaptar mejor los mensajes sobre la abogacía y su público objetivo. Por ejemplo, en 2017, la COFECE contrató a una consultora para establecer cómo se percibían en México la ley de competencia y el trabajo realizado por la COFECE (McKinsey&Company, 2017[19]). Esto le permitió a la COFECE adaptar el lenguaje utilizado en los materiales relativos a la abogacía para transmitir mejor su mensaje al público no especializado y explicar en términos sencillos lo que la COFECE hace y cómo beneficia de forma directa a los consumidores mexicanos (Mexico, 2023[20]).

3.2. Cooperación nacional

Pro-Competencia ha establecido canales de cooperación con diversas autoridades y entidades gubernamentales de la República Dominicana. A nivel nacional, la cooperación interinstitucional se rige por: i) el artículo 138 de la Constitución dominicana, que establece el principio de coordinación entre los entes de la Administración Pública; ii) el apartado 4 del Artículo 12 de la Ley Orgánica de la Administración Pública[13], que establece el principio de coordinación y orientación coherente entre los entes estatales; y iii) los artículos 13, 14, 20, 40 y 69 de la Ley de Competencia.

La mayoría de los esfuerzos de colaboración de Pro-Competencia a nivel nacional se han centrado en entablar un diálogo con los organismos reguladores sectoriales con potestad para velar por el cumplimiento de la normativa de competencia, aunque también se han emprendido algunas iniciativas con otras entidades.

3.2.1. Coordinación con organismos reguladores sectoriales con potestad para velar por el cumplimiento de la normativa de competencia

Como se mencionó anteriormente, en la República Dominicana, algunos organismos reguladores sectoriales gozan de jurisdicción exclusiva para velar por el cumplimiento de la ley de competencia en sus respectivos sectores. En particular, este es el caso en el sector de las telecomunicaciones, el sector eléctrico, el sector financiero y bancario, el sector del transporte terrestre, así como el de la propiedad intelectual.

En cualquier caso, es necesaria la colaboración entre las autoridades de competencia y los organismos reguladores sectoriales con vistas a garantizar la coherencia entre sus actuaciones, reducir las duplicaciones y asegurar un uso más eficaz y mejorado de los recursos públicos (OCDE, 2022[21]). En la Ley de Competencia se reconoce la relevancia de la cooperación interna y se autoriza a Pro-Competencia y a los organismos reguladores sectoriales a adoptar iniciativas de coordinación. Su artículo 69 establece que Pro-Competencia debía reunirse con los distintos organismos reguladores con el fin de diseñar de manera conjunta el régimen de competencia que regiría en los distintos sectores y actividades hasta el año 2019. Sin embargo, este esfuerzo multilateral nunca se produjo.

La creación de grupos de trabajo que reúnen a la autoridad de competencia y a diversos organismos reguladores ha demostrado ser eficaz en otras jurisdicciones, mejorando la comunicación y facilitando los debates entre las autoridades con el objetivo de alcanzar un entendimiento y un enfoque compartidos. Por ejemplo, la Red de Competencia del Reino Unido es un ejemplo de cómo los grupos de trabajo pueden ayudar a mejorar la cooperación entre la autoridad de competencia y los organismos reguladores, como se describe en el Recuadro 3.3 (OCDE, 2022[21]).

Recuadro 3.3. Red de Competencia del Reino Unido

La Red de Competencia del Reino Unido es un foro de cooperación entre la Autoridad de Competencia y Mercados (CMA), la autoridad de competencia del Reino Unido, y todos los organismos reguladores sectoriales del Reino Unido con potestad para velar por el cumplimiento de la normativa de competencia dentro de sus sectores. Los siguientes organismos reguladores son miembros de la Red de Competencia del Reino Unido: la Autoridad de Aviación Civil (CAA), la Autoridad de Conducta Financiera (FCA), la Autoridad Reguladora de los Mercados del Gas y la Electricidad (Ofgem), la Autoridad de Regulación de los Servicios Públicos de Irlanda del Norte (NIAUR), la Oficina de Comunicaciones (Ofcom), la Oficina de Ferrocarriles y Carreteras (ORR), el Regulador de los sistemas de pago (PSR) y la Autoridad reguladora de los servicios del agua (Ofwat).

El objetivo de la Red de Competencia del Reino Unido es facilitar la cooperación y estudiar de manera más general cuál es la mejor manera de promover la competencia y los resultados competitivos en beneficio de los consumidores en los sectores regulados.

Por ejemplo, la Red organiza talleres sobre cuestiones de procedimiento o de fondo; publica información sobre casos en sectores regulados; y elabora un informe anual sobre la aplicación de las normas de competencia en sectores regulados y sobre la cooperación en el año anterior, como el intercambio de información y la asignación de casos.

Fuente: OCDE (2022[21]), Interactions between competition authorities and sector regulators (Interacciones entre las autoridades de competencia y los organismos reguladores sectoriales), https://www.oecd.org/competition/interactions-between-competition-authorities-and-sector-regulators.htm; Gobierno del Reino Unido (2017[22]), UK Competition Network (Red de Competencia del Reino Unido), https://www.gov.uk/government/groups/uk-competition-network.

Además de los foros multilaterales, en la Ley de Competencia se establece un mecanismo de consulta y remisión entre Pro-Competencia y los distintos organismos reguladores[14]. En virtud de la Ley de Competencia, los organismos reguladores deben solicitar a Pro-Competencia un dictamen sobre las decisiones de infracción de las normas de competencia antes de su adopción. Los organismos reguladores también están obligados a presentar el proyecto de reglamentación sectorial a Pro-Competencia para que emita un dictamen si afecta a aspectos del derecho de la competencia. Del mismo modo, si Pro-Competencia recibe una denuncia que entre dentro de la esfera de competencias de otro regulador en materia de competencia, deberá remitir al denunciante a la entidad competente.

Con el fin de formalizar y regular los procedimientos de consulta y remisión, Pro-Competencia y todos los organismos reguladores con potestad para velar por el cumplimiento de la normativa de competencia, (a excepción de los organismos reguladores financieros y bancarios) han firmado los siguientes acuerdos bilaterales de cooperación:[15]

Cuadro 3.3. Acuerdos de cooperación entre Pro-Competencia y los organismos reguladores sectoriales con potestad para velar por el cumplimiento de la normativa de competencia

Institución	Fecha de firma
Oficina Nacional de la Propiedad Industrial (ONAPI)	02/07/2014
Comisión Nacional de Energía (CNE)	01/02/2016
Instituto Nacional de Tránsito y Transporte Terrestre (INTRANT)	12/09/2017
Instituto Dominicano de las Telecomunicaciones (INDOTEL)	06/07/2018
Superintendencia de Electricidad (SIE)	14/08/2018

Fuente: OCDE a partir de datos de Pro-Competencia.

En el momento en que se redactó este informe, Pro-Competencia había remitido varias denuncias a organismos reguladores sectoriales, como el INTRANT, el INDOTEL y la SIE[16]. Todos los procesos siguen en curso o han sido desestimados.

Pro-Competencia también ha emitido dictámenes no vinculantes en respuesta a las consultas públicas de proyectos de reglamentos sectoriales, especialmente en relación con el sector del transporte terrestre. Sin embargo, ningún organismo regulador sectorial ha consultado a Pro-Competencia en relación con decisiones relativas a la aplicación de la normativa de competencia, lo que puede explicarse, al menos en parte, por la limitada actividad de aplicación de la normativa de competencia de los organismos reguladores.

Varias partes interesadas han expresado su preocupación por las escasas decisiones relativas a la aplicación de las normas de competencia adoptadas por los reguladores sectoriales. Por ejemplo, la actividad del INDOTEL en el ámbito de la aplicación de la normativa de competencia en los últimos 25 años ha sido modesta si se compara con reguladores sectoriales similares de la región con potestad para velar por el cumplimiento de la normativa de competencia. Entre 2014 y 2018, por ejemplo, el Instituto Federal de Telecomunicaciones (IFT), el organismo regulador y autoridad de competencia para los sectores de telecomunicaciones y radiodifusión en México, ha adoptado cuatro decisiones por infracción de competencia (OCDE, 2020[23]). La Superintendencia de Telecomunicaciones (SUTEL), organismo regulador y de competencia del sector de las telecomunicaciones en Costa Rica, abrió 20 investigaciones contra prácticas anticompetitivas entre 2014 y 2018. Desde 2016, la SUTEL también ha llevado a cabo 14 estudios de mercado sobre las condiciones de competencia en diversos mercados de telecomunicaciones (OCDE, 2020[24]).

Durante la misión de investigación también se expresó preocupación por la captura regulatoria[17] y por cómo podría esto afectar a las actividades de aplicación de la normativa de competencia realizadas por los reguladores sectoriales. Según el «Estudio multidimensional de la República Dominicana» de la OCDE, en la República Dominicana la captura de políticas públicas es presumiblemente elevada y constituye una de las principales barreras al desarrollo inclusivo y sostenible (OECD, 2023[25]).

Durante muchos años, en la República Dominicana se ha percibido un alto grado de dominio de grupos poderosos en la formulación de políticas públicas, aunque más recientemente esta percepción ha registrado un descenso significativo. De hecho, la percepción de la concentración del poder ha venido variando entre un 70% y un 90% desde 2008, por encima del promedio de ALC. Sin embargo, en 2020 se produjo una reducción de estas cifras, pues alrededor del 60% de los dominicanos creía que el país estaba gobernado por y para los grupos poderosos, por debajo del promedio de ALC (OECD, 2023[25]).

A veces, la captura de políticas se puede producir por la influencia del sector privado desde dentro del marco institucional, y no desde fuera (OECD, 2023[25]). Por ejemplo, puede ocurrir cuando hay presencia de representantes del sector privado en los órganos de gobierno de las instituciones públicas. Como se ha descrito en la sección 1.5.1, este es el caso del INDOTEL, donde los representantes de los agentes regulados (uno en representación de los radiodifusores y otro en representación de los proveedores de telecomunicaciones) ocupan un puesto en el Consejo Directivo.

3.2.2. Coordinación con Pro-Consumidor

La Ley de Competencia define la competencia desleal como cualquier práctica realizada en el ámbito de las actividades económicas que resulte contraria a la buena fe y ética comercial que tenga por objeto un desvío ilegítimo de la demanda de los consumidores y puede ser sancionada con independencia de que las partes implicadas sean competidoras en el mercado[18]. Entre las prácticas de competencia desleal se incluyen los actos de comparación indebida, los actos de imitación, los actos violatorios del secreto empresarial y los actos de difamación comercial (por ejemplo, difundir información inexacta o falsa)[19].

La mayoría de las denuncias recibidas por Pro-Competencia se refieren a prácticas de competencia desleal (alrededor del 50% de las denuncias desde 2017), y según cálculos internos, este tema ocupa alrededor del 80% del tiempo del personal dedicado a investigaciones en Pro-Competencia. Desde 2022, a raíz de una decisión emitida por el Consejo Directivo, Pro-Competencia ha tratado de limitar los casos de competencia desleal a aquellos que perturban gravemente el interés económico público. En consecuencia, las denuncias que afecten únicamente a intereses privados deben resolverse ante los tribunales civiles o mercantiles[20].

De hecho, las acciones de Pro-Competencia parecen estar en consonancia con otras jurisdicciones que también poseen atribuciones en materia de prácticas de competencia desleal, dado que las autoridades de competencia deben centrar sus recursos en las investigaciones que puedan afectar al interés público, en particular a la estructura del mercado (y no en aquellas que afecten únicamente a intereses privados).

Recuadro 3.4. La función de las autoridades de competencia en el ámbito de las prácticas de competencia desleal

En **Colombia**, un particular perjudicado por prácticas de competencia desleal puede presentar una demanda ante los tribunales generales o especializados en derecho mercantil, solicitando medidas cautelares y daños y perjuicios. La Superintendencia de Industria y Comercio (SIC), encargada de hacer cumplir la ley de competencia en Colombia, se limita a examinar las demandas por competencia desleal cuando perjudican el interés público.

En **Ecuador**, la Superintendencia de Competencia Económica (SCE) solo se ocupa de los casos de competencia desleal si el infractor tiene poder de mercado. Los actos desleales que afectan únicamente a intereses individuales son juzgados por tribunales civiles, de conformidad con el artículo 26 de la Ley Orgánica de Regulación y Control del Poder del Mercado.

En **España**, la autoridad de competencia es la Comisión Nacional de los Mercados y la Competencia (CNMC), que tan solo investiga los actos de competencia desleal que afectan al interés público cuando perturban gravemente la estructura competitiva o el funcionamiento del mercado. Los casos de competencia desleal que afectan a intereses privados son enjuiciados y sancionados por jueces competentes en materia mercantil.

Fuente: OCDE-BID (2021[26]), Exámenes inter-pares de la OCDE y el BID sobre el Derecho y Política de Competencia: Ecuador, https://www.oecd.org/daf/competition/ecuador-examenes-inter-pares-sobre-el-derecho-y-politica-de-competencia-2021.pdf; OCDE (2016[27]), Colombia: Assessment of Competition Law and Policy, https://www.oecd.org/daf/competition/Colombia-assessment-competition-report-2016.pdf; artículo 3 de la Ley española de Defensa de la Competencia.

Las prácticas de competencia desleal no suelen incluirse en el derecho de la competencia, ya que suelen estar más asociadas a las políticas de protección de los consumidores y se sitúan mejor en este frente. Quizá esto explique también por qué no está clara la línea que distingue la jurisdicción del Instituto Nacional de Protección de los Derechos del Consumidor (Pro-Consumidor), la entidad encargada de la protección del consumidor en la República Dominicana, y Pro-Competencia, y por qué a veces se solapan. Aunque no existen normas formales que permitan evitar las decisiones incoherentes y los puntos de vista divergentes entre Pro-Consumidor y Pro-Competencia, parece que se están realizando esfuerzos de coordinación, como demuestra la firma de un acuerdo de cooperación el 9 de mayo de 2017, si bien aún no se han producido avances, como la coordinación de estrategias prevista en el acuerdo.

3.2.3. Cooperación con otras entidades

Como se mencionó anteriormente, en la República Dominicana se han desarrollado más las iniciativas de cooperación entre la autoridad de competencia y los organismos reguladores con potestad para velar por el cumplimiento de la normativa de competencia, pero Pro-Competencia también se ha comprometido con otras entidades estatales clave. En este contexto, se firmaron diez acuerdos bilaterales de cooperación entre Pro-Competencia y las siguientes instituciones:

Cuadro 3.4. Acuerdos bilaterales de cooperación

Institución	Fecha de firma
Dirección General de Aduanas (DGA)	01/02/2017
Junta de Aviación Civil (JAC)	23/03/2018
Superintendencia del Mercado de Valores (SIMV)	20/06/2018
Autoridad Portuaria Dominicana (APORDOM)	28/06/2018
Superintendencia de Pensiones (SIPEN)	27/07/2018
Dirección General de Contrataciones Públicas (DGCP)	09/12/2020
Tribunal Constitucional (TC)	05/03/2022
Instituto Dominicano de Aviación Civil (IDAC)	10/03/2022
Oficina Nacional de Derecho de Autor (ONDA)	25/01/2023

Fuente: OCDE a partir de datos de Pro-Competencia.

Sin embargo, la existencia de un acuerdo no garantiza que la cooperación se vaya a producir en la práctica. En realidad, el nivel de cooperación depende en gran medida del interés y la voluntad de las entidades de desarrollar iniciativas concretas de colaboración.

Un buen ejemplo de cooperación es el acuerdo interinstitucional firmado entre Pro-Competencia y la DGCP, el organismo rector de la contratación pública en la República Dominicana, con el fin de coordinar las medidas de aplicación e intercambiar información. En virtud de este acuerdo se ha establecido un marco para i) crear grupos de trabajo integrados por personal técnico de ambas instituciones con vistas a determinar las funciones respectivas en materia de prevención, detección, investigación y sanción de la colusión en las licitaciones, y para ii) conceder a Pro-Competencia acceso al Sistema Integrado de Consulta de la DGCP, lo que permitirá un examen más rápido y directo de los proveedores y las pautas de contratación. En particular, la plataforma de la DGCP permite a Pro-Competencia obtener información relativa a los procesos de contratación pública desde 2017, incluidos los proveedores y los procedimientos de licitación en los que han participado, lo que puede resultar útil para detectar y sancionar la manipulación de las licitaciones en la contratación pública en la República Dominicana.

3.3. Cooperación internacional

Según establece la Ley de Competencia, Pro-Competencia, a través del Consejo Directivo, podrá concluir acuerdos de cooperación internacional con autoridades de competencia extranjeras, así como promover la cooperación internacional con el fin de realizar más eficazmente sus actividades[21].

En el momento de redactar este informe, Pro-Competencia había suscrito acuerdos internacionales en materia de competencia con las siguientes autoridades de competencia:

Cuadro 3.5. Acuerdos internacionales de cooperación

Autoridad de competencia/Jurisdicción	Fecha de firma
Comisión Nacional de Defensa de la Competencia (CNDC), Argentina	03/02/2023
Comisión para la Defensa y Protección del Consumidor (CDPC), Honduras	Septiembre de 2019
Comisión Federal de Competencia Económica (COFECE), México	Abril de 2016
Autoridad de Protección al Consumidor y Defensa de la Competencia (ACODECO), Panamá	Octubre de 2015
Superintendencia de Control de Poder de Mercado (SCPM), Ecuador	Noviembre de 2014
Comisión Nacional de Competencia (CNC), España	Septiembre de 2012*

Nota: * En el momento de redactar este informe, este acuerdo estaba siendo renegociado con la Comisión Nacional de los Mercados y la Competencia (CNMC) de España.
Fuente: OCDE a partir de datos de Pro-Competencia.

Se trata de acuerdos de cooperación de primera generación, centrados en el intercambio de experiencias y conocimientos y en actividades de creación de capacidades. Gracias a estos acuerdos, el personal de Pro-Competencia ha participado en diversos programas de intercambio, cursos de formación, visitas de estudio y prácticas en otros países. Estos acuerdos no prevén actividades de cooperación más profundas, como el intercambio de información confidencial, la asistencia en investigaciones y las actuaciones conjuntas para la aplicación de la normativa con otras autoridades de competencia.

Por último, Pro-Competencia ha venido participando en foros internacionales, como el Foro Mundial sobre Competencia de la OCDE, que se reúne anualmente[22]. También es miembro de la Red Internacional de Competencia (RIC). A nivel regional, Pro-Competencia también ha participado activamente en el Foro Latinoamericano y del Caribe de Competencia (FLACC) del BID y la OCDE[23] y en los talleres del Centro Regional de la OCDE para la Competencia en América Latina, en Lima.

Conclusiones principales

Las principales conclusiones sobre la defensa de la competencia y la cooperación institucional del derecho y la política de competencia en la República Dominicana son las siguientes:

- En la República Dominicana falta una cultura general de la competencia.
- Los niveles de cooperación entre Pro-Competencia y los organismos reguladores sectoriales en lo que respecta a la aplicación de la ley de competencia son insuficientes, además de existir preocupaciones sobre posibles conflictos de intereses y falta de experiencia en materia de competencia en determinadas entidades reguladoras con potestad para velar por el cumplimiento de la normativa de competencia.
- Las opiniones de Pro-Competencia resultado de las iniciativas de abogacía de competencia no son vinculantes. A pesar de que las autoridades deben justificar si deciden no seguir las recomendaciones de Pro-Competencia, en la práctica esto no sucede siempre. Además, los organismos reguladores sectoriales con potestad para velar por el cumplimiento de la normativa de competencia no siempre consultan a Pro-Competencia, a pesar de la obligación legal.
- El número de estudios de mercado realizados por Pro-Competencia se halla por debajo del promedio de los estándares internacionales y regionales.

Referencias

Gobierno del Reino Unido (2017), *UK Competition Network*, https://www.gov.uk/government/groups/uk-competition-network. [22]

McKinsey&Company (2017), *Estudio y análisis de la percepción sobre temas de competencia económica y la labor de la COFECE - Informe de Resultados - 2017*, https://www.cofece.mx/wp-content/uploads/2018/01/Estudio-labor-COFECE-17.pdf. [19]

Mexico (2023), *Assessing and Communicating the Benefits of Competition Interventions – Note by Mexico*, https://one.oecd.org/document/DAF/COMP/WP2/WD(2023)9/en/pdf. [20]

OCDE (2023), *Competition and Innovation: A Theoretical Perspective, OECD Competition Policy Roundtable Background Note*, https://www.oecd.org/daf/competition/competition-and-innovation-a-theoretical-perspective-2023.pdf. [18]

OCDE (2023), *OECD Services Trade Restrictiveness Index: Policy trends up to 2023*, OECD Publishing, https://www.oecd.org/trade/topics/services-trade/. [13]

OCDE (2022), "Interactions between competition authorities and sector regulators: OECD Competition Policy Roundtable Background Note", https://www.oecd.org/competition/interactions-between-competition-authorities-and-sector-regulators.htm. [21]

OCDE (2022), "OECD Peer Reviews of Competition Law and Policy: Tunisia", https://www.oecd.org/daf/competition/oecd-peer-reviews-of-competition-law-and-policy-tunisia-2022.pdf (accessed on 22 August 2022). [4]

OCDE (2020), *Costa Rica: Evaluación del Derecho y Política de la Competencia*, https://web-archive.oecd.org/2020-07-29/560122-costa-rica-evaluacion-del-derecho-y-politica-de-la-competencia2020.pdf. [24]

OCDE (2020), *OECD Telecommunication and Broadcasting Review of Brazil 2020*, OECD Publishing, Paris, https://doi.org/10.1787/30ab8568-en. [23]

OCDE (2019), *Executive Summary of the Roundtable on Competition issues in labour markets*, https://one.oecd.org/document/DAF/COMP/M(2019)1/ANN2/FINAL/en/pdf. [2]

OCDE (2018), *Suspensory Effects of Merger Notifications and Gun Jumping, OECD Competition Policy Roundtable Background Note*, https://www.oecd.org/daf/competition/suspensory-effects-of-merger-notifications-and-gun-jumping-2018.pdf. [3]

OCDE (2017), *The Implementation of the Council Recommendation concerning Effective Action against Hard Core Cartels*, OECD Publishing, https://one.oecd.org/document/DAF/COMP/WP3(2017)2/en/pdf. [30]

OCDE (2016), *Local Nexus and Jurisdictional thresholds in merger control, OECD Competition Policy Roundtable Background Note*, https://one.oecd.org/document/DAF/COMP/WP3(2016)4/REV1/en/pdf. [27]

OCDE (2013), *Competition Issues in Television and Broadcasting, OECD Competition Policy Roundtable Background Note*, https://www.oecd.org/daf/competition/competition-television-broadcasting.htm. [1]

OCDE-BID (2021), *Exámenes Inter-Pares de la OCDE y el BID sobre el Derecho y Política de Competencia: Ecuador*, https://www.oecd.org/daf/competition/ecuador-oecd-idb-peer-reviews-of-competition-law-and-policy-2021.pdf. [26]

OECD (2023), *Estudio multidimensional de la República Dominicana: Hacia un mayor bienestar*, Caminos de Desarrollo, OECD Publishing, Paris, https://doi.org/10.1787/8044a9c9-es. [25]

Pro-Competencia (2023), *Escribiendo por la competencia*, https://procompetencia.gob.do/escribiendo-por-la-competencia/. [16]

Pro-Competencia (2023), *ProCompetencia realiza el primer de varios encuentros de "Diálogos de Competencia"*, https://procompetencia.gob.do/procompetencia-realiza-el-primer-de-varios-encuentros-de-dialogo-de-competencia/. [17]

Pro-Competencia (2022), *El Impacto de Ayudas Estatales desde la Perspective de la Competencia: El caso de la ley 18-01 de Desarrikki Fronterizo*, https://procompetencia.gob.do/wpfd_file/estudio-sobre-el-impacto-de-las-ayudas-estatales/. [12]

Pro-Competencia (2022), *Observatorio de Condiciones de Mercado,*, https://procompetencia.gob.do/observatorio-de-condiciones-de-mercado/. [14]

Pro-Competencia (2022), *ProCompetencia y Superintendencia de Bancos fortalecen cooperación interinstitucional para defensa de la competencia*, https://procompetencia.gob.do/procompetencia-y-superintendencia-de-bancos-revisaran-normativas-para-fortalecer-al-sector-financiero-nacional/. [28]

Pro-Competencia (2021), *Estudio de condiciones de competencia en los procesos de compras y contrataciones públicas en la República Dominicana*, https://procompetencia.gob.do/wpfd_file/estudio-de-condiciones-de-competencia-en-los-procesos-de-compras-y-contr. [11]

Pro-Competencia (2021), *Resolución n.º 008-2021*, https://procompetencia.gob.do/wp-content/uploads/2021/06/cd-008-2021-que-aprueba-rrs-por-colaboracioin.pdf. [15]

Pro-Competencia (2020), *Estudio de Condiciones de Competencia en el Mercado de las Administradoras de Fondos de Pensiones (AFP) en la República Dominicana en el sistema de capitalización individual*, https://procompetencia.gob.do/wpfd_file/estudio-de-condi. [10]

Pro-Competencia (2017), *Estudios de Condiciones de Competencia en el Mercado del Pan de Agua y Sobao*, https://procompetencia.gob.do/wpfd_file/estudios-de-condiciones-de-competencia-en-el-mercado-del-pan-de-agua-y-sobao. [8]

Pro-Competencia (2017), *Estudios de Condiciones de Competencia en el Mercado Transporte de la República Dominicana*, https://procompetencia.gob.do/wpfd_file/estudios-de-condiciones-de-competencia-en-el-mercado-transporte-de-la-republica-dominicana/. [9]

Pro-Competencia (2017), *Resolución n.º 038-2017*, https://procompetencia.gob.do/wp-content/uploads/2020/03/de-038-17-que-declara-la-incompetencia-de-atribucion-td-altice.pdf. [29]

Pro-Competencia (2016), *Estudios de Condiciones de Competencia en el Mercado de cervezas de la República Dominicana*, https://procompetencia.gob.do/wpfd_file/estudios-de-condiciones-de-competencia-en-el-mercado-de-cervezas-de-la-republica-dominicana. [6]

Pro-Competencia (2016), *Estudios de Condiciones de Competencia en el Mercado de Medicamentos*, https://procompetencia.gob.do/wpfd_file/estudios-de-condiciones-de-competencia-en-el-mercado-de-medicamentos. [5]

Pro-Competencia (2016), *Estudios de Condiciones de Competencia en el Mercado de Seguros*, https://procompetencia.gob.do/wpfd_file/estudios-de-condiciones-de-competencia-en-el-mercado-de-seguros. [7]

República Dominicana (2022), *Subsidies, Competition and Trade - Contribution from the Dominican Republic*, https://one.oecd.org/document/DAF/COMP/GF/WD(2022)55/en/pdf. [31]

Notas

[1] Artículos 13 14, 15, 20 y 31, letra n), de la Ley de Competencia.

[2] Artículo 14 de la Ley de Competencia y artículo 12 de su Reglamento de Aplicación.

[3] Artículo 15 de la Ley de Competencia y artículo 12 de su Reglamento de Aplicación.

[4] Artículo 13 de la Ley de Competencia y artículo 11 de su Reglamento de Aplicación.

[5] Artículo 20 y artículo 31, letra m), de la Ley de Competencia.

[6] Artículo 13, apartado 2, del Reglamento de Aplicación.

[7] Artículo 16, apartado 7, del Reglamento de Aplicación.

[8] Artículo 1, apartado 15, del Reglamento de Aplicación.

[9] Al redactarse el presente informe, el Departamento de Estudios Económicos y de Mercados estaba elaborando unas directrices sobre estudios de mercado, en consonancia con las mejores prácticas internacionales.

[10] No obstante, en el momento de redactar este informe, Pro-Competencia estaba ultimando una serie de estudios de mercado, entre otros en el mercado de vehículos y sobre el papel de las plataformas digitales, así como en los siguientes sectores: botellas de agua, cemento, servilletas, varillas para la construcción, vitaminas, lubricantes, azúcar, ajo, oxígeno y pañales.

[11] El Centro Regional de la OCDE para la Competencia en América Latina fue creado en noviembre de 2019 como una empresa conjunta entre la autoridad de competencia del Perú (INDECOPI) y la OCDE. El objetivo del Centro es ampliar la labor de la OCDE en el ámbito de la competencia en América Latina mediante la creación de capacidades y la formación específica de los responsables de la región en materia de competencia. Para más información, véase: https://www.oecd.org/daf/competition/oecd-regional-centre-for-competition-in-latin-america.htm.

[12] Véanse, por ejemplo, https://www.instagram.com/pcompetenciard y https://www.youtube.com/@procompetenciard.

[13] Ley Orgánica de la Administración Publica n.º 247-12, https://mt.gob.do/transparencia/images/docs/marco_legal_de_transparencia/leyes/2018/Ley-247-12-Organica-Administracion-Publica2c-de-fecha-9-de-agosto-de-2012.pdf.

[14] Artículo 20 de la Ley de Competencia.

[15] No obstante, se debería tener en cuenta que la relación entre Pro-Competencia y la Superintendencia de Bancos es ahora más estrecha para promover así la competencia en el sector financiero y bancario (Pro-Competencia, 2022[28]).

[16] Por ejemplo, el 5 de diciembre de 2017, Pro-Competencia remitió al INTRANT una denuncia recibida del Sindicato de Chóferes y Empleados de Microbuses (SICHOEM), por supuestas prácticas anticompetitivas (Pro-Competencia, 2017[9]). El 26 de octubre de 2017, Pro-Competencia adoptó una decisión en la que se declaraba incompetente para investigar una denuncia de TRILOGY DOMINICANA, S.A. contra ALTICE HISPANIOLA, S.A. y TRICOM, S.A. por presuntas prácticas de competencia desleal en el mercado de prestación de servicios de telecomunicaciones, remitiendo el expediente al INDOTEL (Pro-Competencia, 2017[29]). El 21 de septiembre de 2022, Pro-Competencia remitió a la SIE una denuncia recibida de la Alianza Dominicana Contra la Corrupción (ADOCCO) sobre la presunta participación de una empresa eléctrica (Empresa Distribuidora de Electricidad del Norte, EDENORTE) en un entramado de manipulación de licitaciones (Pro-Competencia, 2022[14]).

[17]La captura de políticas públicas es «aquel proceso mediante el cual las decisiones de política y sistemáticamente desde el interés público hacia intereses particulares de personas o grupos específicos» (OCDE, 2017[30]).

[18] Artículo 10 de la Ley de Competencia.

[19] Artículo 11 de la Ley de Competencia.

[20] Resolución núm. 009-2022, de 15 de noviembre de 2022 (Pro-Competencia, 2022[12]). Esta Resolución ha sido impugnada por diferentes partes interesadas. El argumento principal es que Pro-Competencia está obligada por ley a investigar todas las denuncias que recibe (artículo 36 de la Ley de Competencia) y no estaría facultada para tomar decisiones que limiten sus obligaciones de aplicación.

[21] Artículo 31, letras s) y t), de la Ley de Competencia.

[22] Por ejemplo, en 2022 Pro-Competencia ha presentado una contribución escrita a la Mesa Redonda sobre subsidios, competencia y comercio (República Dominicana, 2022[31]).

[23] En 2012, Pro-Competencia acogió la 10.ª reunión del FLACC.

4 Recomendaciones

Esta sección presentará recomendaciones relacionadas con el marco institucional y jurídico, la aplicación de la ley de competencia, así como la abogacía de la competencia y la cooperación institucional. Proponen posibles vías de avance para que la República Dominicana tenga en cuenta, con el objetivo de mejorar el derecho y política de competencia. El Resumen ejecutivo del informe proporciona una lista de las recomendaciones clave incluidas en este capítulo, que son particularmente relevantes para mejorar el derecho y política de competencia en la República Dominicana.

4.1. Marco institucional y jurídico

- Adoptar un marco común de competencia, que incluya normas tanto sustantivas como de procedimiento, que se aplique de manera uniforme a todos los sectores. Además, aclarar qué entidades son responsables de la aplicación de la ley de competencia en los diferentes sectores (es decir, Pro-Competencia o reguladores sectoriales).
- Reforzar los recursos presupuestarios y humanos dedicados a la aplicación de la ley de competencia en la República Dominicana:
    - Aumentar el presupuesto de Pro-Competencia (por ejemplo, mediante financiación gubernamental, tasas administrativas de un futuro régimen de control de concentraciones y recursos procedentes de acuerdos de cooperación internacional, y evitar el uso de sanciones para este fin).
    - Dotar a Pro-Competencia de más personal dedicado a las funciones esenciales de la competencia (por ejemplo, contratar personal, transferir funcionarios de otras entidades o

convertir los puestos administrativos actuales en puestos asignados a las funciones principales de competencia).

- Revisar la remuneración del personal técnico para que Pro-Competencia resulte más atractiva como empleador a largo plazo, así como introducir planes de carrera creíbles para los empleados temporales.
- Proporcionar a Pro-Competencia los recursos necesarios para invertir en un sistema digital de gestión de casos, informática forense y ordenadores capaces de procesar software sofisticado para el análisis de datos.
- Ofrecer formación al personal de Pro-Competencia sobre competencia y economía.

- Permitir a Pro-Competencia priorizar las acciones de aplicación de la ley y abogacía en función de criterios transparentes (por ejemplo, impacto económico y geográfico, relevancia para los consumidores, contrataciones públicas o industrias estratégicas), incluyendo la facultad de no emprender acciones de aplicación de la ley o cerrar investigaciones en función de sus prioridades o disponibilidad de recursos.
- Adoptar las salvaguardias institucionales necesarias para garantizar la independencia de las acciones de aplicación de la ley de competencia por parte de Pro-Competencia y de los reguladores sectoriales según la Recomendación del Consejo sobre la Transparencia y la Equidad Procesal en la Aplicación de la Ley de Competencia de la OCDE.

4.2. Control de concentraciones

- Adoptar un régimen general de control previo de las concentraciones conforme a las normas de la OCDE y a las mejores prácticas internacionales, en particular:
  - delimitar la jurisdicción de control de concentraciones mediante la definición de concentraciones, la selección de un mecanismo de notificación de concentraciones y la determinación de umbrales de notificación;
  - establecer un procedimiento de revisión de concentraciones transparente, eficaz y oportuno, y las correspondientes competencias de revisión de concentraciones con Pro-Competencia;
  - requerir una prueba sustantiva coherente para evaluar el impacto de las concentraciones sobre la competencia;
  - aplicar las normas de control de las concentraciones mediante los adecuados instrumentos de aplicación, sanciones y revisión judicial.
- Mientras que en la República Dominicana no se aplique un régimen general de control de concentraciones, garantizar que el régimen existente en los sectores de telecomunicaciones, electricidad y financiero tenga en cuenta los efectos sobre la competencia de las transacciones y que se use el mecanismo de consulta a Pro-Competencia en todas las revisiones.

4.3. Prácticas anticompetitivas

- Aumentar las medidas de aplicación de la ley contra los cárteles y los casos de abuso de posición dominante:
  - Detección, nivel de prueba y alcance de las infracciones.
    - Desarrollar herramientas eficaces de detección de cárteles, como métodos proactivos (por ejemplo, filtros económicos y supervisión de los mercados) y denuncias anónimas.
    - Garantizar que los cárteles se consideren infracciones *per se*.

    - Supervisar los acuerdos verticales contrarios a la competencia y garantizar que estén cubiertos por la legislación y la aplicación de la misma.
    - Adoptar un concepto más amplio de restricción de la competencia al evaluar los comportamientos anticompetitivos, que no se limite a las barreras injustificadas del mercado.
  - Sanciones, compromisos y clemencia
    - Garantizar que las sanciones tengan suficientes efectos disuasorios. Los topes máximos de las multas deben basarse en elementos flexibles que permitan considerar las circunstancias específicas de los casos y los mercados afectados en línea con las normas internacionales (por ejemplo, porcentaje de facturación).
    - Introducir sanciones no monetarias para las infracciones anticompetitivas, como la inhabilitación de directivos y la exclusión de licitadores.
    - Garantizar que las personas que hayan participado en prácticas contrarias a la competencia sean sancionadas administrativamente.
    - Garantizar que las provisiones actuales del derecho penal se aplican de forma efectiva contra los cárteles.
    - Adoptar directrices generales sobre la metodología para imponer sanciones y calcular multas, teniendo en cuenta no sólo el daño causado por la práctica anticompetitiva, sino otros elementos como la duración y la gravedad de la infracción.
    - Mejorar los mecanismos de compromisos (por ejemplo, las decisiones n.º 008-2011 y n.º 011-2021 de Pro-Competencia), en concreto junto a un aumento de las decisiones de aplicación de la ley y de las sanciones.
    - Introducir una política de clemencia adecuada que se implemente cuando las actividades de aplicación de la ley por parte de Pro-Competencia sean más eficaces, incluso con sanciones disuasorias.
  - Medidas cautelares
    - Aclarar que Pro-Competencia puede adoptar medidas cautelares para hacer cesar efectivamente las posibles infracciones sin perjuicio de su revisión judicial.
- Mejorar el marco procesal de las acciones de aplicación de la ley:
  - Calendario de las investigaciones
    - Ampliar la duración del plazo de prescripción en consonancia con las prácticas internacionales.
    - Aumentar la limitación temporal para llevar a cabo las investigaciones o permitir más flexibilidad en cuanto a la ampliación o suspensión de los plazos de investigación.
  - Inspecciones sin previo aviso
    - Garantizar que las inspecciones sorpresa puedan llevarse a cabo antes de notificar a las partes presuntamente infractoras el inicio de una investigación formal, con el fin de garantizar el efecto sorpresa.
    - Agilizar el procedimiento de solicitud de autorizaciones de inspecciones, garantizando que puedan ser solicitadas directamente por la Dirección Ejecutiva de Pro-Competencia exclusivamente en base a indicios de infracciones anticompetitivas.
  - Transparencia y equidad procesal
    - Proteger la fase de investigación, por ejemplo permitiendo a Pro-Competencia publicar una versión no confidencial de la decisión de inicio de la investigación y de las denuncias (en lugar de la versión completa) tras la apertura formal de la instrucción.

  - Garantizar la protección de la información confidencial distinta de los secretos comerciales durante y después de las investigaciones. Además, aclarar las circunstancias en las que puede revelarse determinada información.
  - Garantizar que las comunicaciones privilegiadas entre abogados y clientes estén protegidas durante y después de las investigaciones mediante, por ejemplo, el establecimiento de directrices claras sobre qué tipo de información entre cliente y abogado puede considerarse privilegiada según la Recomendación del Consejo sobre la Transparencia y la Equidad Procesal en la Aplicación de la Ley de Competencia de la OCDE.
- Sanciones para investigaciones efectivas
  - Establecer sanciones claras y efectivas para las empresas y particulares que no cooperen con Pro-Competencia durante las inspecciones.
  - Introducir multas disuasorias por falta de respuesta, respuestas tardías y uso de información incompleta o engañosa en relación con las solicitudes de información de Pro-Competencia.

4.4. Revisión judicial y aplicación privada

- Invertir en formación específica sobre competencia para los jueces que intervienen en casos de competencia, por ejemplo con la ayuda de organizaciones internacionales.
- Considerar la posibilidad de fomentar la aplicación privada de la ley de competencia para permitir la compensación de las víctimas y potenciar el efecto disuasorio de la legislación sobre competencia.

4.5. Abogacía de la competencia

- Seguir promoviendo la competencia en la República Dominicana, con el fin de crear una cultura de la competencia entre las empresas, el gobierno y el público en general. Esto debería incluir una estrategia nacional de abogacía de la competencia, con una planificación coordinada, el establecimiento de prioridades y la participación activa de las partes interesadas pertinentes.
- Seguir fomentando las iniciativas de capacitación en materia de competencia dirigidas a los funcionarios encargados de la aplicación de la ley de competencia, incluso mediante recursos disponibles a nivel internacional (por ejemplo, la OCDE, las autoridades de competencia extranjeras o la formación bajo demanda de la RIC).
- Establecer un seguimiento estructurado de la aplicación de las recomendaciones formuladas por las acciones de abogacía de la competencia de Pro-Competencia (por ejemplo, informes, dictámenes y estudios de mercado) para poder evaluar su impacto y adoptar nuevas medidas en caso necesario.
- Adoptar una metodología y un proceso claros para la realización de estudios de mercado.
- Seguir elaborando directrices sobre cuestiones de fondo y adoptar directrices sobre cuestiones procesales.

4.6. Cooperación nacional e internacional

- Asegurar que los mecanismos de coordinación entre Pro-Competencia y los reguladores sectoriales con poderes de aplicación de la ley de competencia se implementen de manera efectiva, incluyendo el uso del mecanismo de consulta previsto en la Ley de Competencia en relación con la adopción de decisiones de infracción de la competencia y proyectos de regulación sectorial. También deben implementarse canales adecuados de intercambio de información, intercambio de personal y grupos de trabajo conjuntos. Además, asegurar la existencia de acuerdos formales de cooperación entre Pro-Competencia y todos los reguladores sectoriales con poderes de aplicación de la competencia.

- Garantizar que las entidades gubernamentales, incluidos los reguladores sectoriales con poderes de aplicación de la competencia, expliquen las razones por las que deciden no seguir las opiniones y recomendaciones no vinculantes de Pro-Competencia.
- Facultar a otra entidad (por ejemplo, Pro-Consumidor) con la aplicación de la ley en materia de prácticas de competencia desleal. Alternativamente, Pro-Competencia debería limitar sus investigaciones relacionadas con prácticas de competencia desleal a aquellas que afecten al interés económico público general, liberando recursos para las investigaciones de conductas anti-competitivas. En este caso, debería reforzarse la cooperación con Pro-Consumidor, especialmente en relación con las prácticas de competencia desleal.
- Continuar desarrollando la cooperación con las entidades de contratación pública para reforzar la lucha contra la manipulación de licitaciones.
- Seguir desarrollando la cooperación técnica con las autoridades de competencia extranjeras y aumentar la participación y el compromiso en actos internacionales. Además, intensificar los esfuerzos de cooperación internacional, por ejemplo compartiendo información confidencial, asistencia en investigaciones y acciones conjuntas de aplicación con otras autoridades de competencia.

www.ingramcontent.com/pod-product-compliance
Ingram Content Group UK Ltd.
Pitfield, Milton Keynes, MK11 3LW, UK
UKHW051643031026
15588UKWH00007B/1306

9 789264 977174